SHANGWU
LIYI

SHANG
商务礼仪
WU

萝薇 编著

吉林教育出版社

图书在版编目（CIP）数据

商务礼仪 / 萝薇编著 . —长春：吉林教育出版社，2019.1
　　ISBN 978-7-5553-6157-2

　　Ⅰ . ①商… Ⅱ . ①萝… Ⅲ . ①商务－礼仪 Ⅳ . ① F718

中国版本图书馆 CIP 数据核字（2018）第 144790 号

书　　名	商务礼仪				
编　　著	萝薇				
责任编辑	张　瑜		排版设计	侯　建	
			装帧设计	仙　境	

出版发行　吉林教育出版社
　　　　　（长春市同志街 1991 号　邮编　130021）
印　　刷　三河市天润建兴印务有限公司

开　　本　660mm×960mm 1/16
印　　张　19.75
字　　数　220 千字
版　　次　2019 年 1 月第 1 版　2019 年 1 月第 1 次印刷
定　　价　59.80 元

如有印装质量问题请直接与承印厂联系调换

目录

第一章 商务礼仪概述

礼仪是人类文明的一个重要组成部分。我国素有"礼仪之邦"的美誉，礼仪文化源远流长，并有着完备的礼仪体系。随着我国社会主义市场经济的发展，商务活动与国际交往日益频繁，礼仪更成为人们社会生活中不可缺少的内容。

一 商务礼仪是商务活动中的行为规范　　002
01 商务活动必须重视礼仪规范　　002
02 全面认识商务礼仪的功能　　004
03 讲究商务礼仪，促进社会文明　　006

二 商务人员应当具备的素质　　008
01 文化素质：礼貌修养的基础　　008
02 工作能力：礼仪素质的体现　　009
03 良好的性格：礼仪素质的展示　　011
04 良好心境：礼仪素质的情绪表现　　012

第二章 商务人员的着装与仪容仪态礼仪

商务人员要塑造良好的个人形象，对于着装和仪容仪态的礼仪常识就不可不知。只有懂得并运用这方面的礼仪规范，才能因品位高雅而令人印象鲜明，才会因形象出彩而赢得更多的商业机遇。

一　商务人员的着装礼仪　　　　　　　　　　　*018*

01　西装的选择：商务着装有讲究　　　　　　　*018*
02　西装的穿着：不要影响商务形象　　　　　　*022*
03　西装搭配：掌握组合的常识　　　　　　　　*025*
04　套裙的选择：符合商界礼仪规范　　　　　　*028*
05　套裙的穿着：适合自我免流俗　　　　　　　*031*
06　套裙的搭配：体现端庄的气质　　　　　　　*032*
07　协调着装，体现和谐之美　　　　　　　　　*033*
08　因地而异，不同场合的着装应变　　　　　　*037*

二　商务人员的仪容仪态礼仪　　　　　　　　　*040*

01　发式发型：应美观自然　　　　　　　　　　*040*
02　女士化妆：深谙得体之道　　　　　　　　　*042*
03　站姿挺拔：衬托美的气质　　　　　　　　　*045*
04　坐姿端庄：显示优雅的美感　　　　　　　　*048*
05　蹲姿典雅：彰显良好的修养　　　　　　　　*051*
06　行姿优美：表现不俗的风度　　　　　　　　*053*

第三章 商务交际与交谈的礼仪

要想成功地进行商务交际与交谈,唯有掌握了其中的礼仪细节,才能迅速让人产生好感、获得信任,从而达到预期的商务交际目的。

一 商务交际的礼仪　　　　　　　　　　　　　　060
01 自我介绍时应当充满自信　　　　　　　　　060
02 被他人介绍要作出友好表示　　　　　　　　061
03 为他人作介绍要善解人意　　　　　　　　　062
04 集体介绍要遵循高低顺序　　　　　　　　　064
05 称呼宜得体,注意通用惯例　　　　　　　　065
06 使用敬语,表示尊重礼让　　　　　　　　　067
07 表达致意,无声地表示问候　　　　　　　　069

二 商务交谈的礼仪　　　　　　　　　　　　　　071
01 面带微笑,为交谈传递友好情感　　　　　　071
02 适当寒暄,营造良好的交谈气氛　　　　　　073
03 话题得体,打开交谈的话匣子　　　　　　　075
04 注意倾听,显示良好的修养　　　　　　　　078
05 善用目光,传递内心的情感　　　　　　　　079
06 保持距离,不失交谈中的分寸　　　　　　　081

第四章 使用电话与网络的礼仪

人们在使用电话与网络进行人际往来的交流时，也要掌握其中的礼仪规范。电话交谈要掌握好合理的时间、梳理好交谈的内容，礼待他人，亲切自然，这些都是基本的礼仪常识。

一 使用电话的礼仪 086
- 01 打电话的基本礼仪要求 086
- 02 彬彬有礼地表明身份 088
- 03 通话的语言要简要、得体、亲切、自然 089
- 04 把握合理的交谈时间 090
- 05 接听电话时不要在铃响瞬间马上拿起话筒 091
- 06 做好通话要点的记录 093
- 07 转接电话要认真负责 094

二 使用网络邮件的礼仪 095
- 01 认真填写电子邮件 095
- 02 发送邮件的注意事项 097
- 03 及时地回复他人的邮件 098
- 04 防范和制止网络犯罪 098

第五章 商务邀约、拜访与接待的礼仪

商务往来中,彼此邀约、拜访与接待,都属于常见的商务活动形式。根据商务礼仪规范,无论是商务邀约,还是商务拜访与商务接待,都应把讲文明、讲礼节、讲礼貌和遵守规范格式放在突出的位置。

一 商务邀约的礼仪 ……………………………………… *102*
01 书面邀约:庄重而不失礼 …………………… *102*
02 口头邀约:亲切而显尊重 …………………… *106*
03 应邀与婉拒:做到合情合"礼" ……………… *106*

二 商务拜访的礼仪 ……………………………………… *108*
01 重视拜访前的预约礼仪 ……………………… *108*
02 做好赴约前的准备礼仪 ……………………… *109*
03 遵守拜访中的礼仪规范 ……………………… *111*
04 告辞也要讲究礼貌 …………………………… *113*

三 商务接待的礼仪 ……………………………………… *115*
01 周到安排,做好接待准备 …………………… *115*
02 注重礼宾秩序 ………………………………… *117*
03 遵循身份对等的惯例 ………………………… *118*
04 热情地迎候和礼待宾客 ……………………… *119*
05 对宾客全程陪同 ……………………………… *121*
06 礼貌地送别宾客 ……………………………… *122*

第六章 商务谈判与签约的礼仪

商务谈判与签约是商务人员需要经常参加的一项重要商务活动。按照常规，商务谈判一向被视为一种利益之争，然而商务谈判决不仅仅是讨价还价，其中更重要的还应该是沟通和交流。只有在融洽的气氛中互相尊重、互相理解，才能使商务谈判取得最好的效果，最终成功签约。

一 商务谈判的礼仪   *126*

01 谈判的不同类别   *126*
02 选择谈判地点大有讲究   *127*
03 选择谈判时间应体现诚意   *129*
04 做好谈判场所环境的布置   *130*
05 安排谈判座位应平等有礼   *132*
06 注意谈判中的言行举止   *133*

二 商务签约的礼仪   *135*

01 严格规范待签的合同文本   *135*
02 做好签字前的各项准备   *138*
03 按礼仪要求排列签字座次   *140*
04 签字仪式应庄重而热烈   *141*

第七章　举办商务会议的礼仪

会议是实现决策民主化、科学化的必要手段；是实施有效领导、有效管理、有效经营的重要工具；是贯彻决策、下达任务、沟通信息、直接指挥行动的有效方法；是保持接触、建立联络、结交朋友的基本途径。

一　商品展销会的礼仪　　　　　　　　　　　*146*
01　展销会的组织与参展要充分做细　　　　*146*
02　注重产品介绍的礼仪　　　　　　　　　*150*

二　商务洽谈会的礼仪　　　　　　　　　　*153*
01　全力做好技术性准备　　　　　　　　　*153*
02　遵循有礼、互惠的原则　　　　　　　　*156*
03　努力创造和谐的洽谈气氛　　　　　　　*158*
04　坦诚相见，平等地商讨　　　　　　　　*160*
05　体现尊重，礼貌地提问　　　　　　　　*163*
06　理智地磋商，友好地辩论　　　　　　　*166*
07　重视场所的布置与安排　　　　　　　　*169*

第八章 商务宴请中的礼仪

商务宴请,无论是中式餐饮还是西式宴会,在各个环节都讲究礼仪细节。失礼,不仅会让东道主很丢面子,让客人感到尴尬,而且还可能会让商务宴请的预期目的化为泡影。

一 中式宴请的组织 　　　　　　　　　　174
01 精心做好中餐宴席的筹备 　　　　　　174
02 中餐餐桌安排应礼遇宾客 　　　　　　177
03 座次排列应符合礼仪规范 　　　　　　180
04 中餐餐具要讲究使用礼仪 　　　　　　181

二 出席中式宴请的礼仪 　　　　　　　　185
01 接受邀请时做好充分准备 　　　　　　185
02 落座席间应注意文明有礼 　　　　　　187
03 席间举止应保持礼仪形象 　　　　　　189
04 中途道别需特别注重礼仪 　　　　　　191
05 宴会结束礼貌致谢告别 　　　　　　　192

三 中式宴会中的饮酒礼仪 　　　　　　　194
01 斟酒与敬酒均应依礼而行 　　　　　　194
02 饮酒须知适度,不可失态失礼 　　　　196

四 西餐宴会的礼仪 　　　　　　　　　　199
01 席位安排:女士优先,以右为尊 　　　199
02 餐具摆放:刀叉规范,符合惯例 　　　201
03 餐具使用:讲究礼仪,不可混淆 　　　202
04 西餐吃法:保持吃相文雅 　　　　　　205

05 酒的饮用：规范适度、文明 　209
06 离席与告退注意礼貌辞行 　211

第九章　商务营销的礼仪

一个成功的商务营销活动，从策划准备到具体实施再到收尾结束，都会把相应的礼仪规范渗透在每个关键的细节上，落实到具体的实际行动上。

一　发布商务广告的礼仪　214

01 广告是市场畅销的利器 　214
02 广告创意要不落俗套 　216
03 广告构思要巧妙别致 　218
04 广告定位要因时而变 　219
05 定位模糊是广告的大忌 　222

二　进行商品导购的礼仪　224

01 以接近顾客为导购起点 　224
02 以影响顾客为导购重心 　227
03 以争取顾客为导购目的 　231

商务礼仪

三　商品促销的礼仪　　*235*

01　把握成功促销的共同特征　*235*
02　制定几种有效的促销策略　*238*
03　推出创新的促销方法　*241*

四　顾客服务的礼仪　　*249*

01　树立以客户为中心的服务理念　*249*
02　实施客户满意服务的策略　*252*
03　对客户的要求作出快速反应　*255*
04　开展个性服务、专场服务、灵活服务　*257*
05　巧言处理顾客的异议　*258*

五　售后服务的礼仪　　*262*

01　送货与安装：承诺须兑现　*262*
02　商品退换：满足顾客要求　*265*
03　质量跟踪：服务没有终点　*267*

六　处理商务纠纷的礼仪　　*271*

01　勇于认错，立即弥补修正　*271*
02　间接处理顾客意见的策略　*273*
03　处理顾客抱怨要有语言技巧　*275*
04　反驳顾客必须掌握说的艺术　*278*
05　将顾客的意见变成激励的动力　*280*

第十章 涉外商务的礼仪

作为商务工作者，不论其职位的高低，在涉外商务交往中，他们代表的都不仅仅是自己，而是代表着所在单位，甚至代表着国家。因此，涉外商务人员必须注重学习涉外礼仪，并有效地运用在对外交往的工作之中。

一 涉外商务活动的基本准则　　　　　　　　　*284*
　01　忠于祖国，维护国格　　　　　　　　　　*284*
　02　不卑不亢，平等有礼　　　　　　　　　　*285*
　03　求同存异，尊重对方　　　　　　　　　　*286*
　04　重信守诺，遵时守约　　　　　　　　　　*287*

二 一般性涉外商务交往的礼仪　　　　　　　　*289*
　01　涉外商务接待要讲文明礼节　　　　　　　*289*
　02　走访外方人员须知国际惯例　　　　　　　*292*
　03　日常涉外交往要严守礼节　　　　　　　　*295*
　04　规范涉外会见与会谈的程序　　　　　　　*296*

CHAPTER 1

SHANGWU
LIYI
GAISHU

第一章

商务礼仪概述

礼仪是人类文明的一个重要组成部分。我国素有"礼仪之邦"的美誉，礼仪文化源远流长，并有着完备的礼仪体系。随着我国社会主义市场经济的发展，商务活动与国际交往日益频繁，礼仪更成为人们社会生活中不可缺少的内容。

对于企业和商务工作者来说，商务礼仪是一张通向现代市场经济的"通行证"。全面地了解与掌握商务礼仪的基本内容，可使商务人员树立良好的个人与企业形象，与对方良好地沟通、交往，从而成功地开展商务活动。

一 商务礼仪是商务活动中的行为规范

商务活动必须重视礼仪规范

礼仪是指人们在各种社会交往中,用以美化自身、敬重他人的约定俗成的行为规范和程序,是礼节和仪式的总称。礼貌、礼节、仪表、仪式等都是礼仪的具体表现形式。遵守礼仪需要在思想上对交往方有尊敬之意,在外表上注重仪容、仪态、风度和服饰;在谈吐举止上懂得礼仪规矩;在一些正式的场合中,还须遵循一定的典礼程序;等等。

在现代社会,礼仪可以有效地展现施礼者和还礼者的教养、风度与魅力,体现着一个人社会的认知水平,以及对他人的尊敬程度,是一个人的学识、修养和价值的外在表现。

商务礼仪则是商务人员在商务活动中,用以维护企业形象,对交往对象表示尊敬与友好的规范与惯例,是一般礼仪在商务活动中的运用和体现。商务礼仪是社会礼仪的重要组成部分,但它又不同于一般的人际交往礼仪。商务活动是通过提供商品和劳务来满足消费者需求的,因此,商务礼仪比一般的人际交往礼仪的内容更为丰富，它不仅是以对顾客的尊重为基础，而且以提供质优价廉的商品和热情周到的服务来体现这种尊重。

商务礼仪既然是商务活动中不可或缺的重要内容及商务活动成功的重要条件，它必然有其内在的重要特点。

具体地说，商务礼仪的特点主要表现在以下几个方面。

◎ 从礼仪的范围看，商务礼仪具有规定性

商务礼仪的适用范围，是指从事商品流通的各种商务活动，凡不参与商品流通的商务活动，都不适用于商务礼仪。

◎ 从礼仪的内涵看，商务礼仪具有信用性

要从事商务活动，必定有双方利益上的需要，而不是单方面的利益需求，因此，在商务活动中，诚实、守信非常重要。所谓诚实，即诚心诚意地参加商务活动，力求达成协议，而不是夸夸其谈，不着边际，毫无诚意。所谓守信，就是"言必信，行必果"。签约之后，一定履行；如果实在出了意外，而不能如期履约，那么应给对方一个满意的结果来弥补，而不应该言而无信，决而不行。

◎ 从礼仪的行为看，商务礼仪具有时机性

商务活动的时机性很强，有时时过境迁，就会失去良机。例如在商务活动中，商务从业人员说话做事能够把握时机恰到好处，问题就会迎刃而解；如果忽略时机而坚持"不见兔子不撒鹰"，对方极有可能被激怒，从而失去一次成功的机会。

◎ 从礼仪的性质看，商务礼仪具有文化性

商务活动虽然是一种经济活动，但商务从业人员如要体现文明礼貌、谈吐优雅、举止大方的风貌，必须不断提高自身文化素质，树立文明的企业形象，在商务活动中表现出文明典雅、有礼有节的素养。

同一般的人际交往礼仪相比，商务礼仪有很强的规范性和可操作性，并且与企业的经济效益密切相关。所以，在商务活动中，一定要对商务礼仪有足够的重视。

全面认识商务礼仪的功能

商务礼仪，因其具有能促进商务活动蓬勃发展的功能，所以越来越引起人们的重视。

◎ 商务礼仪的沟通功能

商务活动是双向交往活动，交往成功与否，首先要看是否沟通，或者说，是否取得对方的理解。交往的对象是人，而不是被动的客体,他有自己的思想、情感、观点和态度。由于立场不同、观点不同,人们对同样一个问题会有各自不同的理解和看法,这就使交往双方的沟通变得很困难,若交往达不到沟通,不仅交往的目的不能实现,有时还会导致误解,给企业造成严重的负面影响。商务礼仪,旨在消除差异,使双方相互接近,达到感情沟通,而和谐的沟通则是良好的商业合作平台。

◎ 商务礼仪塑造形象的功能

礼仪的基本目的就是树立和塑造良好的形象。所谓个人形象就是个人在公众观念中的总体反映和评价。作为从事商务活动的人员,应该从我做起,每一件小事上都注重礼仪修养,做到"内慧外秀",才能树立起良好的个人形象。同时,从事商务活动的人员,必须文明经商,树立良好的企业形象,礼尚往来,广泛赢得顾客的信任,促进信用度的提高。

◎ 商务礼仪的协调功能

在商贸活动和商务谈判中,难免要碰到购销不畅的事情,有时客户还可能不高兴。如果处理不当,不仅让客户对商务从业人员的印象不佳,而且还会影响企业的形象。商务礼仪能化解矛盾、消除分歧,相互理解从而达成谅解,调适人际关系,使之趋于和谐,从而妥善地解决商务纠纷。

讲究商务礼仪，促进社会文明

商务礼仪不仅是商务活动取得成功的重要手段，而且越来越渗透到社会经济生活中的方方面面，为构建和谐文明社会起着重大作用。

◎ 有助于塑造良好的公众形象

所谓形象，就是双方在彼此心目中形成的综合化、系统化的印象。形象是十分重要的，它的形成大多数是通过礼仪来传递的，并且直接影响着交往双方关系的融洽与否和交际的成败。不仅仅如此，现如今谁都明白，一个个体或一个单位想要扩大知名度、提升美誉度就要在全社会公众面前树立最佳形象，而与社会公众交往的上佳礼仪形象是你获得成功的重要途径。如果人人都具有良好的商务礼仪意识，人人都能够身体力行，那么对于塑造良好的公众形象和推动社会文明的教化作用就显而易见了。

◎ 有助于培养人们良好的道德品质

在商务活动中，讲究礼仪既是人际交往中增进友谊、联络感情的行为，也是一个人公共道德修养的外在表现。一个严于律己、宽以待人的商务人员，往往也从待人接物、仪表仪态、气质风度、谈吐教养等行为举止各个方面表现出高尚的商务礼仪，这是其内心所具备的高尚道德和文化素养的反映。物质文明建设需要一个文明知礼的生活环境，要求人们成为有道德、有修养、有文化、有学识、懂得遵守并维护社会公德的人。因此，广大商务从业人员都要加强自身的道德修养，遵守社会公德，用礼仪、礼节、礼貌来造就良好的社会秩序和社会风气，用礼仪文化促进社会文明的发展。

◎ **有助于提高人们的修养，规范人们的行为**

商务礼仪是构成社会主义精神文明的基本要素之一。加强社会主义精神文明的建设，不可不重视商务礼仪教育。通过商务礼仪教育，可以提高人们的修养，规范人们的行为，使人们变得温文有礼、谈吐不俗，形成有礼貌、讲卫生、自觉遵守公共秩序和劳动纪律、待人以礼、助人为乐的社会风气。

二 商务人员应当具备的素质

商务工作是一种知识性、技术性很强的开拓性活动,要求商务人员必须具备广博的知识和多方面的才能。特别是在当今科学技术高速发展、全球经济迅速增长、贸易方式不断创新、新技术和新产品不断涌现的今天,商务人员的知识应不断充实、更新,应具有信息处理能力、专业技术能力和人际交往能力。

文化素质:礼貌修养的基础

文化素质是指一个人的知识水平,接受和更新知识以及把理论与实践相结合的能力。专职从事商务工作的人员应受过正规的高等教育,除精通商业专业知识外,还应有娴熟的外语表达和计算机应用技能,同时还应了解经济法和商法、社会学、人际关系学、历史和地理等多方面的知识。从事商务工作的人员所接触的商品种类繁多,技术范围广。这就要求商务人员接受商品技术培训,掌握丰富的商品知识,一旦被派驻某个市场,就既是推销员又是售后服务员,要随时准备回答客户提出的商品技术问题。

从个人的角度看，良好的文化素质既能充分展示一个人的个性风采，增加人格魅力，又有助于个人才能的发挥和事业的成功。因此，商务人员要认真学习一些种类知识，努力提高自己的内在文化修养，提高自己的社会交往能力，学会与人合作共事，培养热情开朗、幽默风趣、乐观自信、宽容豁达、精明强干的现代人形象。

工作能力：礼仪素质的体现

工作能力是指一个人在具体工作环境中运用所掌握的知识、技能处理和解决问题的能力。国际商务人员的能力包括专业技术能力、组织能力、社交能力和表达能力。

◎ 专业技术能力

商务人员应是一个综合型人才，业务上具有多面手的能力。如市场调查、市场开拓、结算、商品售后服务、收集情报信息等技能。

◎ 组织能力

组织协调企业的商务工作，建立和拓展国内和国外市场。如果被派驻某地或某国工作，应能很快在当地建立商务机构，疏通各方面的关系，具备调配人、财、物的能力，尽快开展工作。

◎ 社交能力

社交能力是衡量一个现代人适应开放社会程度的标志之一，也是商务人员应具备的起码的条件之一。没有一定的社交能力，是难以建立业务关系的。商务人员要做到善于观察，善解人意，善于与他人分享，善于说服人、影响人，善于取信于人，并与人真诚合作。

◎ 语言表达能力

商务人员应当具有良好的语言表达能力。通俗、严谨、风趣的语言，不但能达到良好的表达效果，而且能创造交流业务的融洽气氛和亲密无间的客户关系。商务人员的语言表达应流畅、清晰、准确，富有表现力、吸引力和感染力。商务人员还要具有书面语言表达能力，如写市场调查报告、汇报材料等，也是商务人员经常要做的工作。

Tips

商务人员除了要有良好的母语表达能力外，还应具备良好的外语表达能力。因为很可能有些客户是外国人，如果不懂外语，就很可能会失去商业良机。

良好的性格：礼仪素质的展示

性格是一种潜在的、能够对人的行为起决定性作用的心理素质，它反映一个人的心理面貌和风格，决定着一个人对事物或他人的态度和行为的感觉基调，推动一个人朝某一方向发展。性格与能力的关系极为密切，良好的性格能够推动能力的发展，并能弥补能力的某些缺陷；相反，性格缺陷则会成为能力表现和发展的障碍。

作为商务人员，尤其需要具备以下几个方面的性格特点。

◎ 果断

所谓果断的性格是指一个人善于适时地、坚决地完成某件事情的心理过程和进行适时决策的能力特点。人的性格果断主要体现在两个方面：一方面，是指在做出决策前进行周密的思考，如果客观环境和主观条件不成熟，就决不匆忙地做出决定；另一方面，是指如果客观环境和主观条件要求及时做出决定时，就当机立断，从不优柔寡断。

公共关系工作是一种时机性很强的工作，准确地把握时机，果断地做出决策，是极其重要的。但是，果断不等于武断，果断应该是建立在情况熟悉、深谋远虑的基础之上的。在时间充裕的情况下，具有遇事果断性格的人并不会匆匆忙忙地行事；在时间紧迫的情况下，具有遇事果断性格的人也决不会优柔寡断。

◎ 坚强耐心

商务人员开展工作总是和克服困难联系在一起的。因此，必须具备坚强耐心的性格。所谓坚强，是指能以充沛的精力和坚韧不拔的毅力去探索解决困难的途径和办法。所谓耐心，是指在工作中能耐心听取各方面的不同意见，对别人的讲话表示兴趣和关切，注意收集那些对开展工作有用的信息，并善于耐心地说服别人，注意及时地宣传、沟通信息，以便获得公众的好感。

良好心境：礼仪素质的情绪表现

商务人员在工作中不可能是一帆风顺的，都可能会遇到这样、那样的麻烦，甚至遭遇失败、挫折、打击。即使被激怒、被取笑，处于极其不利的地位，也不能跟着感觉走，任感情任意泛滥，而应该理智地选择情绪反应，保持良好的、积极进取的心境。

心境是一种拉长了的情绪，具有持续性、扩散性的特点。所以，心境总会使人的语言、行为都染上某种特定的情绪色彩。例如，事业上取得很大成功时，其愉快心情会持续一段时间，并弥漫地扩散到各种事物上。相反，一旦事业受挫，情绪低落，心境不好，就会觉得事事不顺心。可见心境的不同，往往会使人失去对事物的客观判断，因此有效地调整自己的情绪，保持良好的心境是极为重要的。

良好的心境是指个体无论是在积极的心理体验（高兴、亲切、安全、平静、自豪），或是消极的心理体验（失败、痛苦、悲观、失望、压抑、紧张等）中，都能保持积极进取的心态。具有良好心境的人，能用理智控制激情，用主体意识选择感情的表达方式，能保持心境平和。例如，同样是在等晚点的火车，没有良好心境的人会被动地受环境的影响，产生急躁不安、压抑愤怒等不良情绪；具有良好心境的人，则不受环境的影响，表现出平静、安定、坦然、主动的情绪，看看报纸，或坐下来思考点问题，与其他等车的人聊聊天。同样是恋爱失败，没有良好心境的人会失望悲观，甚至在消极情绪的作用之下，丧失理智干出伤人害己的事来；有良好心境的人会冷静地反思失败的原因，总结经验教训，以便今后寻找成功的爱情。总而言之，具有良好心境的人总是向前看的。商务从业人员在商务活动中不可能事事如意，难免会遇到各种各样的问题，从而产生悲观、失望等消极情绪。问题的关键是有了消极情绪时就应该及时调整，使自己保持心理平衡。

从事商务活动的黄金规则

英国学者大卫·罗宾逊曾概括出从事商务活动的黄金规则，具体表述可用"IMPACT"来概括，即：Integrity（正直），Manner（礼貌），Personality（个性），Appearance（仪表），Consideration（善解人意）和Tact（机智）。

· 正直：指通过言行表现出诚实、可靠、值得信赖的品质。当个人或公司被迫或受到诱惑，想要做不够诚实的事时，这就是对正直考验的时候。良好的商务举止中的一条黄金规则就是：你的正直应是毋庸置疑的——不正直是多少谎言也掩饰不了的。

·礼貌：指人的举止模式。当与他人进行商务交往时，风度都可以向对方表明自己是否可靠，行事是否正确、公正。粗鲁、自私、散漫是不可能让双方的交往继续发展的。

·个性：是指在商务活动中表现出来的独到之处。例如，你可以对商务活动充满激情，但不能感情用事；你可以不恭敬，但不能不忠诚；你可以逗人发笑，但不能轻率轻浮；你可以才华横溢，但不能惹人厌烦。

·仪表：是指要做到衣着整洁得体，举止落落大方，这些都是给商务伙伴保留好印象的至关重要的因素。

·善解人意：这是良好的商务风度中最基本的一条原则。成功的谈判者往往在会面前扮演一下对手的角色。人们如果事先就想象好即将与之交谈、写信或电话联系的对方可能有的反应，就能更谨慎、更敏锐地与对方打交道。

·机智：指商场中每个人都极有可能对某些挑衅立即做出反应，或者利用某些显而易见的优势；但我们一时按捺不住冲动，就可能坏了大事。因此，本条黄金规则更深刻的内涵是：有疑虑时，保持沉默。

SHANGWU
RENYUAN
DE
ZHUOZHUANG
YU
YIRONG
YITAI
LIYI

第二章

商务人员的
着装与仪容仪态礼仪

在商务活动中，商务人员的个人形象十分重要。人们首先会通过商务人士的着装穿戴和仪容仪态，判断其职业素质与修养品位。因此，个人形象历来被商务人士视为展示个人素质与修养的"第一名片"。商务人员要塑造良好的个人形象，对于着装和仪容仪态的礼仪常识就不可不知。只有懂得并运用这方面的礼仪规范，才能因品位高雅而令人印象鲜明，才会因形象出彩而赢得更多的商业机遇。

一 商务人员的着装礼仪

着装是一种文化现象，是一种无声的语言。从侧面可真实地传递出一个人的修养、性格、气质、爱好和追求。雅致、端庄的服饰表示对他人的尊敬，邋遢不洁的着装则是一种不礼貌的行为。社交界尤其是商务人员对服饰穿戴非常敏感，与陌生人初次见面，往往会"以貌取人"。因此，商务人员在工作中，对于有关着装的礼仪规范，务必严格遵守，不可忽视。

西装的选择：商务着装有讲究

西装，已成为商务人士特别是男士们参加商务活动中的首选。面对市场上五花八门的西装品种，对它的选择十分必要。

◎ 面料的选择

鉴于西装在商务活动中往往充当正装或礼服之用，故而，其面料的选择应力求高档。在一般情况下，毛料应为西装首选的面料。

◎ 色彩的选择

商界男士在穿西装时，往往将其视作自己商务活动中所穿的制服。因此，西装的具体色彩必须显得庄重、正统，而不能过于轻浮和随便。根据此项要求，适合于男士在商务交往中所穿的西装的色彩，理当首推藏蓝色。在世界各地，藏蓝色的西装往往是每一位商界男士首先必备的。

除此之外，还可以选择灰色或棕色的西装。黑色的西装亦可予以考虑，不过它更适于在庄严而肃穆的礼仪性活动时穿着。按照惯例，商界男士在正式场合下不宜穿色彩过于鲜艳或发光发亮的西装。朦胧色、过渡色的西装，通常也不宜选择。越是正规的场合，越讲究穿单色的西装。

◎ 图案的选择

商界男士所推崇的是成熟、稳重，所以其西装一般以无图案为好。用"格子呢"缝制的西装，一般是难登大雅之堂的，只有在非正式场合里，商界男士才可以穿它。

◎ 款式的选择

通常，西装套装有两件套与三件套之分。两件套西装套装包括一衣和一裤；三件套西装套装则包括一衣、一裤和一背心。三件套西装比两件套西装要显得更加正规一些，所以商界男士在参加高层次的商务活动时，以穿三件套的西装套装为好。

◎ 造型的选择

西装的造型,也就是西装的版型。目前,世界上的西装主要有欧式、英式、美式、日式四种造型。

这四种造型的西装,各有自己的特色:欧式西装洒脱大气,英式西装剪裁得体,美式西装宽大飘逸,日式西装贴身凝重。一般来说,欧式西装要求穿着者高大魁梧,美式西装穿起来稍显散漫,中国人在选择时宜慎重。比较而言,英式西装与日式西装似乎更适合中国人穿着。

各种西装的主要特征

同是西装,但欧式、英式、美式、日式却各有不同。

欧式西装的主要特征是:上衣呈倒梯形,多为双排两粒扣式或双排六粒扣式,而且纽扣的位置较低。它的衣领较宽,强调肩部与后摆,不甚重视腰部,垫肩与袖笼较高,腰身中等,后摆无开衩。

英式西装的主要特征是:不刻意强调肩宽,而讲究穿在身上自然、贴身。它多为单排扣式,衣领是"V"型,并且较窄。它腰部略收,垫肩较薄,后摆两侧开衩。

美式西装主要特征是:外观上方方正正,宽松舒适,较欧式西装稍短一些。肩部不加衬垫,其领型为宽度适中的"V"型,腰部宽大,后摆中间开衩,多为单排扣式。

日式西装的主要特征是：上衣的外观呈现为"H"型，不过分强调肩部与腰部。垫肩不高，领子较短、较窄，不过分地收腰，后摆也不开衩，多为单排扣式。

◎ 尺寸的选择

穿着西装，要大小合身，松紧适度。在商务活动中，一位男士所穿的西装不管是过大还是过小，是过肥还是过瘦，都肯定会损害其个人形象。

◎ 做工的选择

在挑选西装时，检查其做工的好坏，特别需要注意下述六点：一是要看其衬里是否外露；二是要看其衣袋是否对称；三是要看其纽扣是否缝牢；四是要看其表面是否起泡；五是要看其针脚是否均匀；六是要看其外观是否平整。

◎ 区别正装西装与休闲西装

正装西装适合在正式场合穿着，其面料多为毛料，其色彩多为深色，其款式则讲究庄重、保守，并且基本上都是套装。休闲西装则恰好与其相反，一般在非正式场合穿着。它的面料可以是棉、麻、丝、皮，也可以是化纤、塑料的。它的色彩多半都是鲜艳、亮丽的，并且多为浅色。它的款式则强调宽松、适合、自然，有时甚至以标新立异见长。通常，休闲西装是单件的。

西装的穿着：不要影响商务形象

西装的穿着不能随心所欲，而是有一定的讲究。如果穿西装时过于随意，不但会影响社交形象，还会贻笑大方。

根据西装礼仪的基本要求，商界男士在穿西装时，要特别注意以下七个方面的问题。

◎ 拆除衣袖上的商标

在西装上衣左边袖子上的袖口处，通常会缝有一块商标。有时，那里还同时缝有一块纯羊毛标志。在正式穿西装之前，一定将它们先行拆除。

◎ 熨烫平整

欲使一套西装穿在自己身上看上去美观而大方，就要使其显得平整而挺括，线条笔直。要做到这一点，除了要定期对西装进行干洗外，还要在每次正式穿着前，对其进行认真的熨烫。

◎ 系好纽扣

穿西装时，上衣、背心与裤子的纽扣都有一定的系法。在三者之中，又以上衣纽扣的系法讲究最多。一般而言，站立之时，特别是在大庭广众之前起身站立时，西装上衣的纽扣应当系上，以示郑重其事。就座之后，西装上衣的纽扣则要解开，以防其走样。唯独在内穿背心或羊毛衫，外穿单排扣上衣时，才允许站立之际不系上衣的纽扣。

通常，系单排两粒扣式的西装上衣的纽扣时，讲究"扣上不扣下"，即只系上边那粒纽扣。系单排三粒扣式的西装上衣的纽扣时，要么只系中间那粒纽扣，要么系上面那两粒纽扣。而系双排扣的西装上衣的纽扣时，则要求可以系上的纽扣一律都要系上。穿西装背心，不论是将其单独穿着，还是穿着它同西装上衣配套，都要认真地系上纽扣。在一般情况下，西装背心只能与单排扣西装上衣配套。它的纽扣数目有多有少，但一般分作单排扣式与双排扣式两种。根据西装的着装惯例，单排扣式西装背心的最下面的那粒纽扣应当不系，而双排式西装背心的纽扣则必须无一例外地统统系上。

目前，在西裤的裤门上"把关"的，有的是纽扣，有的则是拉链。一般认为，前者较为正统，后者则使用起来更加方便。不管穿以何种方式"关门"的西裤，都要时刻提醒自己，将纽扣全部系上，或是将拉链认真拉好。西裤上的挂钩，亦应挂好。

◎ **不挽不卷**

穿西装时，一定要悉心呵护其原状。在公共场所里，无论如何，都不可以将西装上衣的衣袖挽上去。否则，极易给人以粗俗之感。在一般情况下，随意卷起西裤的裤管，也是一种不符合礼仪的表现。

◎ 慎穿毛衫

商务人士要将一套西装穿得有"型"有"味"，那么除了衬衫与背心之外，上身最好就不要再穿其他任何衣物。在冬季寒冷难忍时，只宜暂作变通，穿上一件薄型"V"领的单色羊毛衫或羊绒衫。这样既不会显得过于花哨，也不会妨碍自己打领带。不要去穿色彩、图案十分繁杂的羊毛衫或羊绒衫，也不要穿扣式的开领羊毛衫或羊绒衫，否则会致使西装鼓胀不堪，变形走样。

西装的标准穿法是衬衫之内不穿棉纺或毛织的背心、内衣。至于不穿衬衫，而以T恤衫直接与西装配套的穿法，则更是不符合规范的。

◎ 口袋少装东西

为保证西装在外观上不走样，就应当在西装的口袋里少装东西，或者不装东西。对待上衣、背心和裤子均应如此。具体而言，在西装上，不同的口袋发挥着各不相同的作用。在西装上衣上，左侧的外胸袋除可以插入一块用以装饰的真丝手帕外，不准再放其他任何东西，尤其不应当别钢笔、挂眼镜。内侧的胸袋，可用来别钢笔、放钱夹或名片夹，但不要放过大过厚的东西或无用之物。外侧下方的两只口袋，原则上以不放任何东西为佳。

在西装背心上，口袋多具装饰功能。除可以放置怀表外，不宜再放别的东西。

在西装的裤子上，两只侧面的口袋只能放纸巾、钥匙包或者零钱包。其后侧的两只口袋，则大都不放任何东西。

⓪③ 西装搭配：掌握组合的常识

西装与其他衣饰的搭配，对于成功地穿着西装是很重要的。因此商界男士穿着西装时，必须掌握衬衫、领带、鞋袜和公文包与之进行组合搭配的基本常识和技巧。

◎ 衬衫的搭配

与西装为伍的衬衫，应当是正装衬衫。正装衬衫具备下述几个方面的特征。

·面料：正装衬衫主要以高支精纺的纯棉、纯毛制品为主。以棉、毛为主要成分的混纺衬衫，亦可酌情选择。

·色彩：正装衬衫必须为单一色彩。在正规的商务应酬中，白色衬衫可谓商界男士的唯一选择。除此之外，蓝色、灰色、棕黑色，有时亦可加以考虑。

·图案：正装衬衫大体上以无任何图案为佳。较细的竖条衬衫在一般性的商务活动中可以穿着。但是，必须禁止同时穿着竖条纹的西装。

·衣领：正装衬衫的领形多为方领、短领和长领。具体进行选择时，须兼顾本人的脸形、脖长以及领带结的大小，千万不要使它们相互之间反差过大。扣领的衬衫，有时亦可选用。

·衣袖：正装衬衫必须为长袖衬衫。

·衣袋：正装衬衫以无胸袋者为佳，免得有人在那里乱放东西。即使穿有胸袋的衬衫，也要尽量少往胸袋里塞东西。

◎ 领带的搭配

领带是商界男士穿西装时最重要的饰物。在欧美各国，领带则与手表和装饰性袖扣并列称为"成年男子的三大饰品"。一般情况下，商界男士在挑选领带时，要重视以下几点。

·面料：最好的领带，应当是用真丝或羊毛制作而成的。以涤丝制成的领带售价较低，但有时也可以选用。除此之外，由棉、麻、绒、皮、革、塑料等物制成的领带，在商务活动中均不宜佩戴。

·色彩：在商务活动中，蓝色、灰色、棕色、黑色、紫红色等单色领带都是十分理想的选择。商界男士在正式的场合中，切勿使自己佩戴的领带多于三种颜色，同时，也尽量少打浅色或艳色的领带。

·图案：适用于商务活动之中佩戴的领带，主要是单色无图案的领带，或者是以条纹、圆点、方格等规则的几何形状为主要图案的领带。

·质量：一条好的领带，必须具有良好的质量。其主要特征为：外形美观、平整，无跳丝、无疵点、无线头，衬里不变形，悬垂挺括，较为厚重。宁可不打领带，也不要以次充好。

◎ 鞋袜的搭配

穿西装时，商界男士所穿的鞋子与袜子均应符合统一的要求，认真与之配套。

选择与西装配套的鞋子，只能选择皮鞋。配套的皮鞋，应当是真皮制品而非仿皮。

一般来说，牛皮鞋与西装最般配，羊皮鞋、猪皮鞋都不太合适。

需要说明的是，磨砂皮鞋、翻毛皮鞋大都属于休闲皮鞋，也不太适合与西装相配套。

与西装配套的皮鞋，按照惯例应为深色、单色。同西装套装配套的皮鞋，只有黑色一种，就连棕色皮鞋，往往也会大受排斥。

穿西装、皮鞋时所穿的袜子，以深色、单色为宜，并且最好是黑色的。

商界男士在穿袜子时，必须遵守以下三项基本规则。

其一， 袜子干净。袜子务必要做到一天一换、洗涤干净，以防止其异味令自己难堪，也令他人难忍。

其二， 袜子完整。穿袜之前，一定要检查它有无破洞、跳丝。如果发现有，切记及时更换。

其三，袜子合脚。在正式场合穿的袜子，其大小一定要合脚。特别应当注意，别穿太小、太短的袜子。袜子太小，不但易破，而且容易从脚上滑下去；袜子太短，则时常会使腿肚子外露出来。一般而言，袜子的长度，不宜低于自己的踝骨。

◎ **公文包的搭配**

公文包，被称为商界男士的"移动式办公桌"，是其外出之际须臾不可离身之物。

商界男士所选择的公文包，有许多特定的讲究。它的面料以真皮为宜，并以牛皮、羊皮制品为最佳。在常规情况下，黑色、棕色的公文包是最正统的选择。若是从色彩搭配的角度来说，公文包的色彩若与皮鞋的色彩相一致，则看上去十分完美而和谐。除商标之外，商界男士所用的公文包在外表上不宜再带有任何图案、文字，否则会有失自己的身份。最标准的公文包，是手提式的长方形公文包，箱式、夹式、挎式、背式等其他类型的皮包，均不可充当公文包之用。

套裙的选择：符合商界礼仪规范

套裙是商界女士正式场合的正装，对它的选择如同商界男士们对西装的选择一样，也要遵循一定的礼仪规范。

◎ 面料的选择

套裙面料的选择最好既是纯天然质地的又是上乘的，上衣、裙子以及背心等，应当选用同一种面料。外观上讲究的是匀称、平整、滑润、光洁、丰厚、柔软、悬垂、挺括。但一般情况下，可以选择薄花呢、人字呢、女士呢、华达呢、凡立丁、法兰绒等纯毛面料，高档的府绸、丝绸、亚麻、麻纱、毛涤以及一些化纤面料也可选择。

◎ 色彩的选择

套裙的色彩应以冷色调为主，体现出着装者的典雅、端庄与稳重。一般情况下，如藏青、炭黑、烟灰、雪青、茶褐、土黄、紫红等稍冷一些的色彩，都可以作为商界女士考虑的范围。套裙的上衣与裙子可以是一色，也可以采用上浅下深或上深下浅等两种并不相同的色彩，使之形成鲜明的对比，前者显得庄重而正统，后者则显得富有活力与动感。

◎ 图案的选择

按照常规，商界女士在正式场合穿着的套裙，可以不带任何图案。如果本人喜欢，以或宽或窄的格子、或大或小的圆点、或明或暗的条纹为主要图案的套裙，大都可以一试。其中，采用以方格为主体图案的格子呢所制成的套裙，显得静中有动，充满活力。

◎ 套裙中的点缀

一般情况下，套裙上不宜添加过多的点缀，套裙上的点缀宜少不宜多、宜精不宜糙、宜简不宜繁。有时，在套裙上可以适当地采用装饰扣、包边、蕾丝等点缀之物，增强效果。

◎ 套裙的尺寸

传统观点认为，裙短则不雅，裙长则无神。裙子的下摆恰好抵达着装者小腿肚子上的最为丰满之处，乃是最为标准、最为理想的裙长。一般情况下，商界女士所穿着的超短裙，裙长应以不短于膝盖以上十五厘米为限。

> **Tips**
>
> 套裙之中的上衣分为紧身式与松身式两种,一般认为紧身式上衣显得较为正统,紧身式上衣的肩部平直、挺拔,腰部收紧或束腰,其长不过臀,整体上呈倒梯形,线条硬朗而鲜明。

◎ **套裙的造型**

套裙造型的基本轮廓大致分为"H"型、"X"型、"A"型、"Y"型四种类型。"H"型套裙的主要特点是:上衣较为宽松,裙子多为筒式;"X"型套裙的主要特点是:上衣多为紧身式,裙子大都是喇叭式;"A"型套裙的主要特点是:上衣为紧身式,裙子则为宽松式;"Y"型套裙的主要特点是:上衣为松身式,裙子多为紧身式,并以筒式为主。

◎ **套裙的款式**

裙子式样方面,常见的有西装裙、一步裙、围裹裙、筒式裙等,款式端庄线条优美;也可采用百褶裙、旗袍裙、开衩裙、"A"字裙、喇叭裙等,显得飘逸潇洒、高雅漂亮。

套裙中上衣的变化,主要表现在衣领方面。常见的衣领有平驳领、枪驳领、一字领、圆状领、"V"字领和"U"字领,也可采用青果领、披肩领、燕翼领、束带领等。上衣的衣扣方面,有无扣式、单排式和双排式之分,有明扣式和暗扣式之分,还有单粒扣和多粒扣之分。

套裙的穿着：适合自我免流俗

商界女士要想在正式场合下显得衣着不俗，不仅要注意选一身符合常规要求的套裙，更重要的是要穿着得体。

在穿着套裙时，套裙的具体穿着与搭配的方法多有讲究，大体上需要注意以下五个方面。

◎ 大小适度

通常认为，套裙中的上衣最短可以齐腰，裙子最长可以达到小腿的中部。上衣的袖长以恰恰盖住着装者的手腕为好。另外，还应注意上衣或裙子均不可过于肥大或包身。

◎ 穿着到位

在穿套裙时，上衣的领子要完全翻好，衣袋的盖子要拉出来盖住衣袋，衣扣全部系上。不允许"敞开自己的胸怀"，更不允许当众将上衣脱下来。

◎ 考虑场合

商务礼仪规定：商界女士在各种正式的商务交往中，一般穿着套裙为好。在涉外商务活动中，这一点尤其重要。

◎ 注意举止

穿上套裙之后,商界女士要站得又稳又正,不可以双腿叉开或是翘起一条腿。由于裙摆所限,穿着套裙走路时不能大步流星地奔向前去,而只宜以小碎步疾行,行进之中步子要稳、轻。

套裙的搭配:体现端庄的气质

套裙的穿着能否体现出商界女性端庄文雅的气质,还要在于它与衬衫、内衣、衬裙、鞋袜的搭配是否得当。

◎ 衬衫的搭配

衬衫面料要求轻薄而柔软,可采用真丝、麻纱、府绸、罗布、花瑶、涤棉等。衬衫色彩要求雅致而端庄,不能过于鲜艳,常见的是白色。另外,最好选用无任何图案的衬衫,款式上不必过于精美。

◎ 内衣的搭配

内衣是商界女士"贴身的关怀",一套内衣由胸罩、内裤、吊带袜、连体衣等组成。内衣应当柔软贴身,起到支撑和烘托女性线条的作用。选择内衣时,最关键的是使之大小适当;内衣所用的面料,以纯棉、真丝等为佳;内衣的色彩最常见的是白色、肉色,也可以是粉色、红色、紫色、棕色、蓝色、黑色等；内衣的图案和款式可以根据个人的爱好加以选择。

◎ 衬裙的搭配

一般而言，商界女士穿套裙时，是非穿衬裙不可的。衬裙的面料以透气、吸湿、单薄、柔软者为佳；衬裙的色彩宜为单色，如白色、肉色等，并与外面套裙的色彩相互协调；衬裙的款式也要与套裙相配套，不能过于肥大。

◎ 鞋袜的搭配

鞋袜是商界女士的"腿部景致"。商界女士所穿的鞋子，宜为皮鞋，且以牛皮鞋为上品。同时，所穿的袜子可以是尼龙丝袜或羊毛袜。与套裙配套的皮鞋以黑色最为正统，袜子可以是肉色、黑色、浅灰色或浅棕色等，多色袜、彩色袜、白色袜等都是不宜的。

与套裙配套的皮鞋宜为高跟、半高跟的船式皮鞋或盖式皮鞋，袜子常采用高筒袜。

协调着装，体现和谐之美

商务着装不但要有好的服饰，还要穿着得体，即服饰与色彩、体型、年龄、环境、季节等因素协调，才能达到整体美与和谐美。

◎ 与体形和色彩相协调

服饰的选择要与穿戴者的体形相协调，做到扬长避短、隐丑显美。人有高有矮。高矮有时相同，但体形却是千差万别的，有的胖，有的瘦；有的腰细，有的臀宽；有的手长，有的腿短。如果能根据体形，配以不同的着装，就可以弥补缺陷，扬长避短。

用色彩、线条、款式可以修正体形的不足。高个子属较理想的体形，需要选择线条流畅的服装，避免窄小、紧身的衣服，避免使用黑色、暗色；身材矮小是一种不太匀称的身材，因此，要避免使用水平线的衣服，可用垂直线，如长条或长衣服来从视觉上增加身高，身材矮小的人适宜穿着造型简单、色彩明快、小花型图案的服装；体瘦的人要避免穿过长、紧身、窄小的款式，穿黑衣服不太合适，在颜色的搭配上，多用浅色，也可以使身形加宽；身体正正方方可使用流畅、柔和、流线型的款式，颜色要求浅淡，切忌艳装。

服装与颜色

服装的颜色在信息传递中的影响力和感染力要超过服装款式和质料等因素，因为色彩对人的视觉冲击力是最强烈的。下面列举几种因颜色产生的心理联想和象征意义：

· 白色的服装：清爽、纯洁、明亮、素雅。白色是圣洁的，它与任何颜色搭配都有很好的效果，看起来端庄素雅、清爽宜人。

· 红色的服装：激情、浪漫、奔放、温存。红色的色彩十分强烈,很容易被人注意,让人联想到太阳、火、红旗等,给人以热情兴奋的感觉,多用于喜庆欢乐的场面。

·黑色的服装:神秘、静寂而富有理性。黑色服装显得成熟、权威,能适当运用黑色体现出自身的成熟、稳重。

·蓝色的服装:自信、沉静而幽远。蓝色是大多数人喜欢的颜色,海军蓝权威而庄严;冰蓝色是具有成熟魅力女士的表现,它展示自立,更显性格,也最为别致。

·灰色的服装:文静、成熟,称为中和色。它不卑不亢,常成为成功人士的制服颜色。

·紫色的服装:高贵、华丽、稳重。紫色是一种偏冷色,它给人以神秘感,同时也显得有权威。但浓烈、刺目的紫色又使人感到庸俗。

·黄色的服装:是光明、希望的象征,给人明朗、轻快而富有朝气的感觉。

·橙色的服装:给人以鲜明夺目、光辉、温暖、热烈的感觉。

·绿色的服装:给人以自然、环保、和平、清爽的感觉。

·金色的服装:给人以高贵、华丽的感觉。

·银色的服装:给人以金属、静美、高雅的感觉。

◎ 与身份和年龄相协调

每个人在社会中都扮演着一个角色，不同的角色，其穿着者应该根据自身的身份作一定的规范。你如果在家中，你的身份是一个家长或一个主妇，然而，你在单位里，面对的是你的同事和上司，或者你是上司，你就必须面对你的下级，你就不能无所顾忌，随心所欲了。

不同的年龄、不同的性别，穿着也有不同。小孩多穿花色服装，年轻人喜欢时髦服饰，老人则爱穿浅色衣服。

◎ 与环境和季节相协调

服饰的选择尤其要注意不同的活动场合，服装的穿着应该与所处的环境相和谐。出席重要的典礼，应该穿礼服；在家里可以穿得随便一些，不过来了客人，也还是应该穿着得体，才可以接待；"上班族"在工作场合的服饰也不可太随便，应该以大方得体、适合工作为宜。

服饰的选择还与季节相关，不同的季节应该有与之相适应的服饰。如春季宜穿驼色、浅灰、中浅色的服装；夏装色调以淡雅为宜；冬天色调以咖啡、藏青、深褐等偏深色为宜。

◎ 服饰切忌脏、破、乱

整洁、美观的服装，既展示了自身的风度和气质，也是一种文明的体现。要使自身在公众中树立一个好的形象，在穿着上，必须避免脏、破、乱等现象，服装要经常洗换。如果在工作单位或公众场合出现了明显的破损,就不宜继续穿着。服装穿"乱"是一种不讲文明的表现,也是对他人的不敬。

◎ 国际通行的 TPO 原则

在社交场合的着装,国际上有一条公认的原则,这就是所谓的 TPO 原则。

TPO 原则是指着装要考虑时间(Time)、地点(Place)和场合(Occasion)三个因素,要随着这些因素的变化而有所不同,使自己的形象与周围的环境、气氛相协调,达到整体美与和谐美。

女士在公共场合露面时,在着装上应避免过于暴露、过于透明、过于短小和过于紧身,否则会为他人所轻视或耻笑。

因地而异,不同场合的着装应变

不同场合的着装礼仪各不相同,否则就会千篇一律,失去活力。根据环境氛围选择恰到好处的服饰,是对商务人士的起码要求。下面我们具体介绍在喜庆、庄重、悲哀三种典型场合中的服饰要求。

◎ 喜庆场合

喜庆场合一般是指节日纪念、开业典礼以及其他联欢晚会等。这些场合大都气氛热烈、温馨、愉快、轻松，所以要求人们在服饰上也相应地"热烈"一些，明快活泼一些。如男士除了在正规的喜庆场合一般应穿中山装、西装或自己民族的服装以外，其他的喜庆场合可以着各种便装，如夹克、牛仔服等，但要穿得大方、整洁，千万不要穿皱巴巴的衣裤；女士的服装款式则更为多样：裙子、旗袍、牛仔服等均可，同时也可适当化妆，佩戴一些美丽的饰物，但如出席婚礼，穿着不宜超过新郎、新娘的风头，也不要打扮得过于怪异。

◎ 庄重场合

庄重场合主要是指庆典仪式、正式宴会、商务谈判、会见外宾等。这种场合的服饰要以庄严、端正、整洁为主要基调，如果请柬上规定来客一律穿礼服，那么男女宾客都应服从，而不可别出心裁。男士宜穿毛呢的中山装、西服或民族服装作为礼服；女士可以按季节与活动性质、场合的不同，分别穿各式套装、旗袍、晚礼服或连衣裙等。作为正式礼服的穿戴，都要严格遵循穿着规范。

◎ 悲哀场合

悲哀场合主要是指殡葬仪式、吊唁活动、扫墓等场合。这种场合的气氛比较悲沉、肃穆，所以要求人们在服饰上应注意以黑色或其他深色、素色为主，切忌穿红着绿，也不宜穿有花边、刺绣或飘带之类装饰物的服装，以免显得轻佻、不尊重。服装的款式要尽量选择比较庄重、大众化一些的，不要穿各类新潮时髦、显得怪异和轻飘的服装，以免冲淡庄严肃穆的气氛。丧服的原则是不露肌肤，所以不能穿大领圈、无袖的服装。女士不宜过分打扮、抹口红、戴装饰品，男士在举行追悼仪式时不要忘了脱帽，也不要袒胸敞怀。

严肃、庄重的场合，一般不宜穿着夹克衫、牛仔裤等便装，更不能穿着短裤或背心。女士不能穿超短裙；男士进入室内不要戴墨镜；在室外遇有隆重仪式或迎送场合，也不应戴墨镜。

二 商务人员的仪容仪态礼仪

个人形象对于商务人士而言是非常重要的，它体现了一个人的精神风貌与工作态度。假如一名商务人士在商务交往中对个人形象掉以轻心，那么会直接有损于其所在单位的整体形象。

商务人员的仪容仪态礼仪，在于通过美观自然的发型、大方得体的妆容，塑造美好的仪容；通过文明礼貌的行为举止，塑造优雅的仪态。注重仪容仪态礼仪，是商务人员维护自身形象，取得事业成功的基本要求。

发式发型：应美观自然

头发位于人体的"制高点"，在人的仪表美中占有举足轻重的地位，也是被注视的重点。因此，修饰仪容也得从头发做起。

◎ 保持头发日常整洁

要保护头发的整洁，一要勤于清洗，二要勤于修剪，三要勤于梳理。特别是在出门之前，换装和摘帽之后，要自觉梳理，但不宜当众梳理。

◎ **依据自己的特点慎选发型**

发型，在一定程度上是时代的留影，历来也是人们审美趣味的中心。它既是保护和美化头部的能动因素，又是修饰面部审美格调的"重彩"。选择发型，总的原则是男性应讲究阳刚之美；女性则崇尚阴柔之美。

一般来说，苗条的女性，宜选择较长的发型，如果发型过短，就更显瘦长；体型矮胖的人，则以较短的发型为佳。颈部短的人，最好留短发或把头发梳成向上的发型；颈部缺陷明显者，可留长发遮盖。

◎ **与自己的脸型相协调**

发型与脸型关系特别密切。人的脸型有长、方、圆、尖、凹、凸等。发型的好坏，关键在于对人的脸型是否合适，如鹅蛋脸更适合采用中分头路、左右均衡的发型，可增强端庄的美感；圆脸型应避免后掠式或齐耳的内卷式，可采用轻柔的大波浪，将头发分层削剪，使两颊旁的头发贴紧，使之盖住脸颊，或将头前部和顶部的头发吹高，给人以蓬松感；方脸型人要尽量用发型缩小脸部的宽度，颊两侧的头发要尽量垂直，以产生紧凑伏贴感，使头部形态显得清秀一些；长方脸型额头较高的，可把头发梳平些，刘海稍长，齐眉或将眉盖住，以减短脸型的长度；菱形脸可用蓬松的刘海遮盖额部，使额角显宽一些，两颊宜用垂直发，腮两侧尽量用大波卷使尖削的下巴柔和些；心形脸不宜留短发，前顶部的头发不宜吹高，要让头发紧贴头顶和太阳穴部位，以减小额角的宽度；下宽上窄脸头前部的头发应向左、右两侧展开，以表现额部的宽度。

选择发型，应当根据自己的特点，扬长避短，显美藏拙，而不要生搬硬套。

女士化妆：深谙得体之道

化妆已成为女士们追求美丽和时尚的法宝，但却不是所有的女士都深谙化妆的原则。由于化妆不得体，弄美成丑的事比比皆是。

妆化得好会使年轻的姑娘清纯可爱，使年龄较大的妇女神采焕发、生气勃勃；相反，妆化得不好则使清纯可爱的姑娘俗不可耐，成熟的女性妖艳轻浮。妆化得好是一个人气质修养的外部表现形式的主要方面。

◎ 突出面部最富有魅力的部位

大多数人的面容不是十全十美的，都有这样或那样的不尽如人意的地方，化妆可以让人变得更美，也赋有活力。

在化妆时要遵循扬长避短的原则，找出面部最有魅力的部位，刻意加以美化，对有缺陷的地方，应加以掩盖或削弱，这样才能起到化妆的最佳效果。

◎ 化妆的浓淡要视时间、场合而定

化妆的浓淡并不是随意的,而是要根据不同的时间和场合来选择。有的人在工作时间喜欢在脸上涂上一层厚厚的粉底,嘴唇抹得鲜红,使人觉得她所关心的首先不是工作;还有的女士喜欢使用大量浓香型的香水和香粉,把自己搞得香气四溢,在不通风的地方非常容易触犯别人;有的人在出外郊游和剧烈活动时,涂上浓浓的重妆,被汗水灰尘所浸,搞得脸上一片狼藉。这些都是不可取的,所以我们要将白天与晚上、一般场合和特殊场合的化妆、不同季节的化妆区别对待,不要一概而论。

◎ 不同年龄采用不同的化妆技巧

化妆的目的是增加个人的容貌美,而容貌美中最珍贵的是"自然青春美",因此年轻人要十分珍惜这段"转瞬即逝"的青春时光,延长青春容貌的保持时间。平时应在注意保持肌肤清洁的基础上,多采用护肤用品,使皮肤免受烈日、暴风、有害气体、劣质化妆品等各种不良因素的刺激。在参加正式的会议或宴会、晚会等场合,年轻女士也应化淡妆。年龄较大的女士,则应该比较重视自己的化妆技巧。在平时,以化淡妆为宜;在参加正式会议或宴会、舞会等社交活动时,则应根据不同的时间和场合,化不同的妆,以示自己对参加会议的重视。男士也应该根据自己的脸型、年龄及气质,稍微修整眉型、发型,同时也应该保持皮肤的清洁和使用一些合适的护肤品。

化妆品的种类很多,选择化妆品时,要根据自己皮肤的类型选择质地细腻、颜色适中的品种。

女性面部化妆的一般程序

对于女性来说，面部化妆的一般程序有如下几点。

·洁面：用温水及洗面奶彻底洗去脸上的油脂、汗水、灰尘等污垢，以使面部光洁美丽。

·扑化妆水：根据皮肤的性质，选用不同的化妆水轻拍在前额、面颊、鼻梁、下巴等处，将其涂抹均匀。

·擦护肤霜：使用适量的护肤霜，可以保护皮肤少受化妆品的刺激，并使粉底容易涂抹。

·打底色：选择两种以上适合自己皮肤的粉底霜，按面部不同的区域，分别涂敷深浅不同的粉底，以期得出立体感的妆面。

·薄施定妆粉，以加固粉底：使用时将粉扑蘸粉饼或散粉，扑到脸上，然后再用软刷把多余的粉刷掉，消除不均匀的粉，固定化妆。

·修眉画眉。

·画眼线：沿睫毛根部画出一条细线，尽可能贴近睫毛。

·涂睫毛膏。

·涂眼影：重点是上眼睑，从睑缘到眉毛下缘，着色由深到浅。并巧施亮色加强眼睛的立体感。

- 用胭脂刷涂抹腮红。

- 再次补上一层半透明的定妆粉。

- 涂口红：先用唇线笔画出理想的唇形，然后填入唇膏。

站姿挺拔：衬托美的气质

站姿是商务人员工作和日常生活中第一引人注视的姿势，它是仪态美的起点，又是动态美的基础。良好的站姿能衬托出美好的气质和风度。

◎ 站姿的基本要求

站姿的基本要求是挺直、舒展，站得直，立得正，棱角分明，线条优美，精神焕发。其具体要求有：头要正，头顶要平，双目平视，微收下颌，面带微笑，动作要平和自然；脖颈挺拔，双肩舒展，保持水平并稍微下沉；两臂自然下垂，手指自然弯曲；身躯直立，身体重心在两脚之间；挺胸、收腹、立腰，臀部肌肉收紧，重心有向上升的感觉；双腿直立，女士双膝和双脚要靠紧，男士两脚间可稍分开点儿距离，但不宜超过肩宽。

在工作中，站姿一定要合乎规范，特别是在隆重的场合下，站立一定要严格按照要求做。站累时，单腿可以后撤半步，身体重心可前后移动，但双腿必须保持直立。

◎ 站姿的训练

正确的站姿是商务人员特别是服务人员的专业素质之一，因此必须严格要求并加强基本功训练。站姿的训练是体态中最基础的训练，站姿如何将直接影响人体姿态的整体美。因此，站姿训练必须要有明确的训练内容、要求及训练步骤，才能达到训练的目的。

① 站姿训练的内容、要求。对站姿的训练，一是训练站立时身体重心的位置和重心的调整，使身体正直，中心平衡，并能自然改变站立的姿势；二是训练两脚位置与两脚间的距离，并与手的位置和谐一致，使整个身体协调、自然；三是训练挺胸、收腹、立腰、收臀、身体重心上升，使躯体挺拔、向上；四是训练站立时的面部表情，心情愉悦、精神饱满，通体充满活力，并能给人以感染力；五是训练站立的耐久性，能适应较长时间站立工作的需要。

② 站姿训练的步骤。站姿训练步骤可按下列程序进行：

- 教师按要求从上至下分项讲解，边讲边示范。
- 学生按教师的要求跟着练习。
- 指出学生站姿中的问题，并加以纠正。
- 引导学生进行自我调整，并寻找良好的感觉。
- 延长训练时间，达到训练标准。

③ 站姿训练的方法。站姿训练的方法是提高训练效果的手段，

方法科学才能达到事半功倍的效果。顶书训练。把书本放在头顶中心,为使书不掉下来,头、躯体自然会保持平稳,否则书本将滑落下来。这种训练方法可以纠正低头、仰脸、头歪、头晃及左顾右盼的毛病。

背靠背训练。两人一组,背靠背站立,两人的头部、肩部、臀部、小腿、脚跟紧靠,并在两人的肩部、小腿部相靠处各放一张卡片,不能让其滑动或掉下。这种训练方法可使人的后脑、肩部、臀部、小腿、脚跟保持在同一个水平面上,使之有一个比较完美的后身。

对镜训练。每人面对镜面,检查自己的站姿及整体形象,看是否歪头、斜肩、含胸、驼背、弯腿等,发现问题及时调整。

站姿训练每次应控制在二十分钟至三十分钟,训练时最好配上轻松愉快的音乐,用以调整心情,既可以防止训练的单调性,又可以减轻疲劳感。

> 女性工作中的站姿,双脚可调整成"V"字形或"丁"字形,右手搭在左手上,贴在腹部。商界男性工作中的站姿,双脚平行,也可调整成"V"字形,双手下垂于身体两侧,也可以将手放在背后,贴在臀部。

坐姿端庄：显示优雅的美感

坐姿是非常重要的仪态。在日常工作和生活中，离不开这种举止。坐是一种静态造型，对男性，更有"坐如钟"一说。端庄优美的坐姿，会给人以文雅、稳重、大方的美感。

◎ 女性八种优美的坐姿

① 标准式。上身挺直，双肩平正，两臂自然弯曲，两手交叉叠放在两腿中部，并靠近小腹。两膝并拢，小腿垂直于地面，两脚保持小丁字步。

② 前伸式。在标准坐姿的基础上，两小腿向前伸出一脚的距离，脚尖不要翘起。

③ 前交叉式。在前伸式坐姿的基础上，右脚后缩，与左脚交叉，两踝关节重叠，两脚尖着地。

④ 屈直式。右脚前伸，左小腿屈回，大腿靠紧，两脚前脚掌着地，并在一条直线上。

⑤ 后点式。两小腿后屈，脚尖着地，双膝并拢。

⑥ 侧点式。两小腿向左斜出，两膝并拢，右脚跟靠拢左脚内侧，右脚掌和左脚尖着地，头和身躯向左斜。注意大腿小腿要成90°，小腿要充分伸直，尽量显示小腿长度。

⑦ 侧挂式。在侧点式基础上，左小腿后屈，脚绷直，脚掌内侧着地，右脚提起，用脚面贴住左踝，膝和小腿并拢，上身右转。

⑧ 重叠式。在标准式坐姿的基础上，两腿向前，一条腿提起，腿窝落在另一条腿的膝关节上边。要注意上边的腿向里收，贴住另一条腿，脚尖向下。

重叠式还有正身、侧身之分，手部也可交叉、托肋、扶把手等多种变化。

Tips

跷二郎腿一般被认为是一种带有不严肃、不庄重的坐姿。若采用此种坐姿，只要注意上边的小腿往回收，脚尖向下这两个要求，不仅外观优美文雅、大方自然、富有亲近感，而且还可以充分展示女性的风采和魅力。

◎ **男性六种优美的坐姿**

① 标准式。上身正直上挺，双肩正平，两手放在两腿或扶手上，双膝并拢，小腿垂直地落于地面，两脚自然分开成45°。

② 前伸式。在标准式的基础上，两小腿前伸一脚的长度，左脚向前半脚，脚不要跷起。

③ 前交叉式。小腿前伸，两脚踝部交叉。

④ 屈直式。左小腿回屈，前脚掌着地，右脚前伸，双膝并拢。

⑤ 斜身交叉式。两小腿交叉向左斜出，上体向右倾，右肘放在扶手上，左手扶把手。

⑥ 重叠式。右腿叠在左腿膝上部，右小腿内收、贴向左腿，脚尖自然地向下垂。

不同坐姿所表现出的心态

坐的动作和姿势多种多样。研究人体语言的学者认为，不同的坐姿反映着不同的心理状态，是有一定道理的。但我们不应当形而上学地把某种坐姿反映某种心理状态作为固定的模式。我们研究坐姿应当从人的生理因素、心理因素、社交因素等多方面出发，作出大致的判断。

◎ 深坐与浅坐

与人交谈时，坐得靠后——深坐，或坐得靠前——浅坐，可以反映不同的心理状态和待人态度。深坐表现出一定的心理优势和充满自信；浅坐表现出尊重和谦虚；但过分地浅座，则有自卑和献媚之嫌了。

◎ 张腿坐与并腿坐

男子张开双腿而坐，表示个性奔放坦率，胸怀开阔，且有较强的自信和支配欲；女性张腿而坐是不雅观的，不论何时、何地、何种情况，都不可采取这种坐姿。

男子并腿坐，表示出严肃、郑重和认真。女子常常采用这种坐姿，表现出端庄和郑重。

◎ 其他坐姿

有的人在同要好的亲友交谈时，倒坐椅子，两臂扒在椅子背上，显得亲切、真挚、坦诚。

有的人喜欢把脚架放在桌子上，这种姿势是一个人放荡不羁、傲慢无礼的表现，令人望而生厌。

有的人半躺半坐，形象颓废，甚至显得放肆，应当避免。

在人体语言中，人的躯干、四肢、手势、面部五官各具特点，都可以作为表情达意的工具，显示出不同的心态。不过，在社交礼仪中，坐姿所起的作用更大些，所占的位置更重要些，我们应当尤其重视。

蹲姿典雅：彰显良好的修养

在公众场合，人们从低处取物或俯身拾物时，弯腰曲背，低头撅臀，或双腿敞开、平衡下蹲，尤其是穿裙子的女士下蹲时，若将两腿敞开的这种行为在国外被视为"卫生间姿势"，既不雅观，更不礼貌。从仪表美角度讲，怎样做才文雅大方呢？这就不能不研究一下蹲姿。

蹲姿类似于坐，但它并非臀部触及座椅；蹲姿又有些类似于跪，但它又不是双膝同时着地。在有必要采用蹲姿时，一定要做到姿势优美。

以下几种蹲姿可供商务人员借鉴。

◎ 高低式

其主要要求是下蹲时,应左脚在前,右脚靠后。左脚完全着地,右脚脚跟提起,右膝低于左膝,右腿左侧可靠于左小腿内侧,形成左膝高右膝低的姿势。臀部向下,上身微前倾,基本上用左腿支撑身体。采用此式时,女性应并紧双腿,男性则可适度分开;若捡身体左侧的东西,则姿势相反。这种双膝以上靠紧的蹲姿在造型上也是优美的。

◎ 交叉式

交叉式蹲姿主要适用于女性,尤其是适合身穿短裙的女性在公共场合采用,它虽然造型优美但操作难度较大。这种蹲姿要求在下蹲时,右脚在前,左脚居后,右小腿垂直于地面,全脚着地。右腿在上、左腿在下交叉重叠。左膝从后下方伸向右侧,左脚跟抬起脚尖着地。两腿前后靠紧,合力支撑身体。上身微向前倾,臀部向下。

◎ 半蹲式

半蹲式蹲姿多为人们在行进之中临时采用。它的基本特征,是身体半立半蹲。其主要要求是在蹲下之时,上身稍许下弯,但不宜与下肢构成直角或者锐角;臀部务必向下,双膝可微微弯曲,其角度可根据实际需要有所变化,但一般应为钝角。身体的重心应当被放在一条腿上,而双腿之间却不宜过度地分开。

◎ 半跪式

半跪式蹲姿又叫作单蹲姿。它与半蹲式蹲姿一样，也属于一种非正式的蹲姿，多适用于下蹲的时间较长，它的基本特征是双腿一蹲一跪。其主要要求是下蹲以后，改用一条腿单膝点地，以其脚尖着地，而令臀部坐在脚跟上；另外一条腿应当全脚着地，小腿垂直于地面；双膝必须同时向外，双腿则宜尽力靠拢。

无论采用哪种蹲姿，女士都要注意将两腿靠紧，臀部向下，使头、胸、膝关节不在同一个角度上，以塑造典雅优美的蹲姿。

行姿优美：表现不俗的风度

行姿是人体所呈现出的一种动态，是立姿的延续。行姿是展现人动态美的重要形式。无论是日常生活，还是公共场合，走路都是"有目共睹"的肢体语言，往往能表现出一个人的风度和韵味。

什么是正确的行姿呢？行姿的规范要求如下：

· 上身挺直，头正目平；

- 收腹立腰，摆臂自然；
- 步态优美，步伐稳健；
- 动作协调，走成直线。

正确的行姿可表现出一个人朝气蓬勃、积极向上的精神状态。正确的行姿，应以正确的站姿为基础。行走时，应上身挺直，头部端正，下颏微收，两肩齐平，挺胸、收腹、立腰，双目平视前方，精神饱满，表情自然。左脚起步时身体向前方微倾，走路要用腰力，身体重心要有意识地落在前脚掌上。行进时步伐要直，两脚应有节奏地交替踏在虚拟的直线上，脚尖可微微分开。左脚前迈时，微向左前方送胯，右脚前迈时，微向右前方送胯，但送胯不明显。双肩平稳，以肩关节为轴，两臂前后自然协调摆动，手臂与身体的夹角一般在十度至十五度，摆幅以三十度至三十五度为宜。

◎ 行姿的步幅

走路时步态美不美，关键在步幅和步位。所谓步幅是指行进时前后两脚之间的距离。在生活中步幅的大小往往与人的身高成正比，身高腿长者步幅就大些，身矮腿短者步幅也就小些。人们行进时，一般的步幅与本人一只脚的长度相近，即前脚的脚跟距后脚的脚尖之间的距离。通常情况下，男性的步幅约二十五厘米，女性的步幅约二十厘米。

◎ 行姿的步位

步态美也与步位有关。所谓步位，是指行走时脚落地的位置。

如前所述，走路时最好的步位是两只脚所踩的是同一条直线，而不是两条平行线，特别是女性走路，如果是两脚分别踩着两条线走路，那是有失雅观的。

◎ 行姿的步速

步速稳健也是步态美的又一重要问题。人们行进的速度取决于人的兴奋程度，兴奋程度高，步速则快；兴奋程度低，动作则迟缓。要保持步态的优美，行进的速度应保持均匀、平稳，不能过快、过慢、忽快忽慢。在正常情况下，应自然舒缓，显得成熟、自信。当然，男女在步速上亦有差别，一般来说男性步伐矫健、稳重、刚毅、洒脱，具有阳刚之美，步伐频率每分钟约一百步；女性步伐轻盈、柔软、玲珑、贤淑，具有阴柔之美，步伐频率每分钟约九十步，如穿裙装或旗袍，步速则快一些，可达一百一十步左右。脚步要干净利索，有鲜明的节奏感。不可拖泥带水，也不可重如马蹄声。

◎ 行姿的步韵

步韵也很重要。行进时，膝盖和脚腕要有弹性，腰部应成为身体重心移动的轴线，双臂应自然轻松一前一后地摆动，保持身体各部位之间动作的和谐，使自己走在一定的韵律之中，显得自然优美，否则就失去节奏感。

◎ 行姿的步态

步态是一种微妙的语言，它能反映出一个人的情绪。当心情喜悦时，步态就轻盈、欢快，有跳跃感；当情绪悲哀时，步态就沉重、缓慢，有忧伤感；当踌躇满志时，步态就坚定明快，有自信力；当生气时，步态就强硬、愤慨。人们往往可从步态中察觉出人的心理变化。

步态还要分场合。脚步的强弱、轻重、快慢、幅度及姿势，必须同出入的场合相适应。在室内走路要轻而稳；在公园里散步要轻而缓；在阅览室里走路要轻而柔；在婚礼上步子要欢快、轻松；在丧礼上步子要沉重、缓慢。总之，步态要因地、因人、因事而宜。

不雅的行姿

按照社交礼仪要求，下列行姿俱属不雅。

方向不定，忽左忽右；体位失当，摇头、晃肩、扭臀；或扭来扭去的"外八字步"和"内八字步"；左顾右盼，重心后坐或前移；与多人走路，或勾肩搭背，或奔跑蹦跳，或大声喊叫等。

社交礼仪规范的实质在于要维护一个良好的自我形象。

立、坐、行，这是我们日常生活中最频繁的举止。而一个人的站相、坐姿、走路的样子，往往反映出一个人对其工作和生活的态度，表现出一个人的心境。因此，作为商务人员要随时注意"立、坐、行"的形象，并逐步培养起自己的风度。

SHANGWU
JIAOJI
YU
JIAOTAN
DE
LIYI

第三章

商务交际与交谈的礼仪

交际与交谈，是商务活动最频繁、最重要的交往形式。不善交际和不善言谈的人，就很难在商务圈中立足。因此，商务人士一定要了解商务交际的举止规范，懂得商务交谈的礼仪要求。如果仅凭高涨的热情和伶俐的口齿，而不懂得礼貌礼节，甚至没有教养品位，那么就无法获得商业上的成功。要想成功地进行商务交际与交谈，唯有掌握了其中的礼仪细节，才能迅速地让人产生好感、获得信任，从而达到预期的商务交际目的。

一 商务交际的礼仪

商务交际礼仪，就是对商务人士在平时的交际应酬中举止行为所作的具体规范。它涉及商务人士人际交往的各个方面。其重点是指商务人士以工作为基本目的，而以个人的身份与其他各界人士进行各种交际应酬时所需要遵守的行为规范。

成功的商务人士一定都明白，在商务交往之中，有教养、有品位、懂礼貌的人容易赢得朋友。商务交往的成功者所具有的种种优良品质，大都与交际礼仪规范息息相关。

自我介绍时应当充满自信

自我介绍是交际场合中常用的介绍方式，它在某种意义上说是打开人际交往大门的一把钥匙。在许多人交谈或聚会的场合，如果你要和一个不相识的人谈话，首先应该作自我介绍。

自我介绍时，可以介绍一下自己的姓名、身份、单位。如果对方也有与自己相识的愿望，并且非常热情，那么作自我介绍的一方还可以进一步介绍自己的经历、专长、兴趣等。介绍自己要亲切有礼，态度谦虚,不能自我吹嘘。如果在单位担任领导职务时,只需介绍自己所在的单位,不必介绍职务。最简单的介绍可以这样说:"你好,我是王军,请多关照。"

有一种情况就是你和对方有一面之交,但由于时间久了或你在外形上有了变化等各种原因,对方没有认出你时,可以采用委婉的方法提示对方,如:"我想您是××先生,是吗?我是×××。"并告诉他你们曾在什么场合下见过面,但不可生硬地说:"你把我给忘了吧?"

作自我介绍时,必须镇定而充满自信。一般人对于具有自信心的人都另眼相看,对方因此会对你产生好感,还要善于用眼神去表达自己的友善、关怀及渴望沟通的愿望。

一个含糊不清的自我介绍,会使人感到你不能把握自己,对方会对你有所保留,彼此沟通便有阻隔,所以介绍时一定要清晰地报出自己的姓名及身份,自我介绍只有运用恰当,才能收到较理想的效果。

被他人介绍要作出友好表示

有时你很想认识某一个人,可又不方便直接去自我介绍,这时你可以找一个既认识自己又认识对方的人牵线搭桥。尤其是想结交一个素不相识的人时，采用他人介绍是最好的方式。

他人介绍，是指在社交场合，由他人将你介绍给别人。由他人作介绍，自己作为当事人，如果你是身份高者或年长者等，听他人介绍后，应立即与对方握手，表示热情、欢迎、很高兴认识对方等意；如果你是身份低者或年轻者等，当将自己介绍给对方时，应根据对方的反应来作出相应的反应。如对方主动伸手与你握手，你要立即将手伸出与对方相握，对方愿意交谈，你应表示高兴交谈。

介绍时，除女士和年长者外，一般应起立（但在宴会桌上、会谈桌上可不必起立），相距近者可握手，远者可举手致意。

为他人作介绍要善解人意

在各种社交场合，若自己和朋友们聚在一起，而朋友之间又互不认识，介绍他们互相认识是一种起码的礼貌。

为他人作介绍时，应对将要被介绍的双方的情况都比较了解，这是介绍的前提。在绝大多数的场合下，介绍人为他人作介绍都是深受欢迎的。但也有例外情况，即相遇的双方或一方因某种原因根本不愿认识，如果在这种情况下为他们作介绍，就使他们陷入不情愿之中而又不得不勉为其难，这也是失礼和不适于人际交往的原则。因此，介绍人应对双方是否有结识的愿望有确实的把握，若一时把握不准，可以先征求一下同行朋友的意见，比如说："那边有我的一个老朋友，我得过去与他打下招呼。"这样，同行朋友如愿意结识他，就会跟在你身边，如果无意则会避开。另一方面，介绍人要机灵敏捷、善解人意，通过观察发现双方是否要求介绍，如双方有意相互结识并期待你作介绍，那就应该义不容辞地为双方做好介绍工作。

在介绍两个人互相认识时，总的原则是把被介绍人介绍给所尊敬的人，即"五先五后"。

◎ 将男士介绍给女士

在介绍过程中，先提到某个人的名字是对此人的尊敬。通常先把男士介绍给女士，并引导男士到女士面前作介绍。介绍中，女士的名字应先被提到。如："张小姐，我给你介绍一下，这位是李先生。"

◎ 将年轻者介绍给年长者

在同性别的两人中，年轻者应该被介绍给年长者，以示对长者的敬意。

◎ 将地位低者介绍给地位高者

在公务活动和商业性介绍中，不分男女老少，只凭社会地位的高低作为衡量的标准，遵从社会地位高者有了解对方的优先权的原则。在任何场合，都是将社会地位低者介绍给社会地位高者。

◎ 将未婚的介绍给已婚的

在两个女性之间，通常将未婚的女性介绍给已婚女性，如果未婚女性明显年长，也可以将已婚的介绍给未婚的。

◎ 将主人介绍给客人

通常将主人介绍给客人，使客人了解主人的身份、地位等，以便更好地沟通。

为他人作介绍时，手势动作应文雅，无论介绍哪一方，都应手心朝上，手背朝下，四指并拢，拇指张开，指向被介绍的一方，并向另一方点头微笑。必要时，可以说明被介绍一方与自己的关系，以便新结识的朋友之间相互了解和信任。

集体介绍要遵循高低顺序

集体介绍一般可采取的方法有将一人介绍给大家和将大家介绍给一人两种。

◎ 将一人介绍给大家

这种方法适用于在重大的活动中对身份高者、年长者和特邀嘉宾的介绍。介绍后，可让所有的来宾自己去结识这位被介绍者。

◎ 将大家介绍给一人

这种方法适用于非正式的社交活动中，使那些想结识更多的、自己所尊敬的人物的年轻者或身份低者满足自己交往的需求，由他人将那些身份高者、年长者介绍给自己。比如，主要领导人对其特殊下属（如先进工作者、劳模等）的接见；还适用于两个处于平等地位的交往集体的相互介绍。其介绍的基本顺序有两种：一种按照座次或队次顺序进行介绍；另一种是以身份的高低顺序进行介绍。

称呼宜得体，注意通用惯例

在人际交往中，选择正确、适当的称呼，反映着自身的教养和对对方尊重的程度，甚至还体现着双方关系发展所达到的程度。

称呼，是指人们在日常交往应酬之中所采用的彼此之间的称谓语；也是当面招呼对方，以表明彼此关系的名称。它是人际交往语言中的先行官。

现代社交场合中，称谓语一般有通用称呼、姓名称呼、职务称呼和职业称呼四种。

◎ 通用称呼

这是在社交场合最简单、最常用的称呼，特别是对陌生人可常用的一种称呼。这种称呼不区分听话人的职务、职业、年龄，如同志、先生、太太、小姐、女士等。在这里要注意，一般在社交场合中，男士不论年龄大小都可称呼先生、同志；妇女不管年龄大小也都可以称呼女士；太太一般是知道对方已经结婚的情况下对女子的尊称；小姐一般是对未婚女子的称呼，但是在社交场合若不知道对方婚否，则也可以用小姐称呼；而同志的称呼在现在的社交场合中用得远比先生要少，它只在某些场合用于对政府领导、警察、军人和公务员等的称呼。在涉外场合对于女性一般都要称呼女士，这是对女性的一种尊重。

◎ 姓名称呼

在人际交往中，姓名称呼是对于一些年龄、职务相仿，好同学、好朋友、好同事等常用的称呼语。按照国际惯例，在正规社交场合中一般都要用全称。如王滋、小惠等。

◎ 职务称呼

这是一种以被称呼人所担当的职务来作为称呼语的称呼。如经理、局长、厂长、郑院长、文书记等。

◎ 职业称呼

这是一种以被称呼人所从事的职业来作为称呼语的称呼。如老师、律师、护士小姐、服务员等。

使用敬语，表示尊重礼让

敬语主要指的是在人际交往活动中蕴涵着的对他人表示敬重、礼让、客气等内容的语言表达方式。

敬语是谈吐文雅的重要体现，是展示谈话人风度和魅力的必不可少的基本要素之一，是尊重他人并获得他人尊重的必要条件，是人际交往达到和谐融洽境界的推动因素。

一般而言，敬语的类型可归结为以下几种。

◎ 问候型敬语

人们彼此问候时使用的敬语，通常有："您好""早上好""久违了"，等等。问候型敬语的使用既表示尊重，显示亲切，给予友情，而且也充分体现了说话者有教养、有风度、有礼貌。

◎ 请求型敬语

俗话说，人生在世，不可能"万事不求人"。而请求型敬语就是在请求别人帮忙时所使用的一类敬语，这类敬语通常有"请""劳驾""请多关照""承蒙关照""拜托"等多种不同的表达方式。

◎ **道谢型敬语**

当自己在得到他人帮助、支持、关照、尊敬、夸奖之后表达谢意时所使用的敬语，这类敬语最简洁、及时而有效的表达就是由衷地道一声"谢谢"。除此之外，属于这种类型的敬语还有"承蒙夸奖""不胜荣幸""承蒙提携"，等等。

◎ **致歉型敬语**

在现代生活中，人际交往的层面不断扩大，人际关系的网络也日趋复杂，这使得人际之间的摩擦时有发生。而当自己的行为对他人造成伤害或消极影响时，最平常的致歉型敬语即是："对不起""请多包涵""打扰您了""给您添麻烦了""非常抱歉"，等等。

当然在人际交往活动中，敬语的使用是非常普遍的，除了上述四种类型外，在这样一些场合下也常用敬语：如等待客人说"恭候"；请人勿送说"留步"；陪伴朋友说"奉陪"；中途先走说"失陪"；向人道贺用"恭喜"；赞赏见解用"高见"；欢迎消费者用"光顾"；谈及老人年岁用"高寿"；称小姐年龄用"芳龄"；说他人来信为"惠书"；等等。

商务人员要正确使用敬语

不管运用何种敬语,在表达上都要注意:首先,敬语的使用要本着诚心诚意的原则,不能作为只是形式上的应付或敷衍塞责。其次,要根据不同的对象、不同的场合、不同的氛围灵活掌握敬语的使用,既要体现出彬彬有礼,又要不落俗套;再次,使用敬语时还应认真、直截了当,不要含糊不清,同时还要注意对方的反应,并辅之以必要的体态语言。总之要力求通过敬语的表达使从事人际交往的人们在心里产生反响和共鸣,达到感情的进一步交流。

表达致意,无声地表示问候

致意又叫打招呼,它是已相识的友人之间在相距较远或不宜多谈的场合,用无声的动作语言相互表示友好尊重的一种问候礼节。

一般来说,致意是一种无声问候,因此向对方致意的距离不能太远,以三米到二十米为宜,也不能在对方的侧面或背面。

有时与相遇者侧身而过时,施礼者在用非语言信号致意的同时,也可伴之以"您好""早上好"等问候语,使致意增加亲密感。受礼者应用同样的方式以示答谢。

致意有如下几种形式。

◎ 举手致意

在公共场合远距离遇到相识的人,一般可不作声,抬起右臂,向前方伸直,轻轻摆摆手或挥挥帽即可。

◎ 点头致意

一些不宜交谈的场合,点头打招呼时,点头者应看着对方,面带微笑,并把上体略向前倾十五度左右。

◎ 微笑致意

微笑是友好的使者。它可以用于同不相识者初次会面之时,也可以用在同一场合反复见面的老朋友"打招呼"上。

◎ 欠身致意

全身或身体的上半部分在目视被致意者的同时,微微向上,向前倾一下。它意在表示对他人的恭敬,可以向一人也可向几人同时欠身致意,可以站着也可以坐着向他人欠身致意。

◎ 脱帽致意

摘下帽子表示对尊者的顺服。戴着礼帽或其他有檐帽的男士,遇到友人特别是女士时,应微微欠身,用距对方较远的那只手摘下帽子,并将其置于与肩膀平行的位置,同时与对方交换目光;离开对方时,脱帽者才可以使帽子"复位"。

二　商务交谈的礼仪

在商务交往中，商务交谈是至关重要的一种活动，因而对商务人员的谈吐有着很高的要求。商务人员不一定要伶牙俐齿，妙语连珠，但必须具有良好的逻辑思维能力和清晰的语言表达能力；在交谈之中，必须保持自己应有的风度，始终以礼待人。有道是：有"礼"走遍天下。

交谈是一门艺术，为了实现交往的目的，商务交往中不仅要注意话题的选择，还要注意表情、态度、措辞、技巧以及交谈的禁忌。遵守交谈的礼仪，是顺利达到交谈效果的"润滑剂"。

面带微笑，为交谈传递友好情感

笑容是人们脸上露出愉快的表情或发出欢喜的声音。不同的笑表达着不同的感情，传递着不同的信息，比如大笑、狂笑、满足的笑、尴尬的笑等。在商务交谈场合，表现最美的还是发自内心的微笑。

轻松友善的微笑，能使人与人之间彼此缩短心理距离，体现着人际关系中谦恭、和蔼、诚信、融洽等最美好的感情因素，也是世界各民族用来交往的重要方式。可见,在商务交谈中,"微笑"是保障商务交谈成功的法宝。

微笑,实际上是一种社交手段。在交际过程中,不管对方语气如何咄咄逼人,甚至遭到严词拒绝,只要一方以微笑面对另一方,就不会引起"面红耳赤"或"暴跳如雷"的结果,俗话说:举手不打笑脸人。这种微笑,并无攻击对方之意,却有助于缓和矛盾。因此在商务交谈中,微笑是打破僵局的手段,也是化解僵局的手段,是化解矛盾的需要。

微笑可以表现出温馨、亲切的表情,创造出交流和沟通的良好氛围,并能给对方留下美好的心理感受,从而也尊重了对方的感情。在商务交谈中,也要以微笑开始,以微笑结束,这样才会赢得对方的赏识,营造良好的交谈气氛。

微笑要做到真诚。即微笑须是发自内心的,而虚伪的假笑、牵强的冷笑则会令宾客感到别扭和反感。

微笑要做到甜美。这种表情由嘴巴、眼神及眉毛等来协调完成。

微笑要有尺度,即热情有度。在交际中突然哈哈大笑,表情过于夸张,不仅让客人感到不自然,而且会令客人莫名其妙。另外,微笑加上得体的手势,这样会更自然、大方、得体。

适当寒暄,营造良好的交谈气氛

寒暄是指交往初始见面时相互问候、相互致意的应酬语或客套话,恰当地运用能营造良好的交谈气氛。

◎ **寒暄的类型**

① 一般问候型寒暄。这种寒暄在用语上较为随意,所谈论的内容既可包括饮食起居,天气冷暖,也可包括普通的问候。这种寒暄并不表明问话者的真实意图,只是起营造气氛的作用,具有随意、简短的特点。

② 攀认求同型寒暄。这种寒暄就是要寻找某个共同点,如双方在交往伊始从语言中、语音中寻觅到共同的"乡音",马上便进入"君从故乡来,应知故乡事"的阶段,从而为进一步的交往打下良好的基础;又如双方从共同的职业中寻觅出许多共同感兴趣或者都能够发表见解的话题,也会起到很好的营造气氛的作用。

③ 仰慕敬重型寒暄。这种寒暄的主要内容就是由于仰慕对方的人品、学识、社会地位而在用语上表现出的谦恭性的客套。在日常生活中诸如此类的寒暄语可划归为这一类型:"××先生,您的大作已经拜读了,真是受益匪浅。""××先生,久闻大名,今日见面不胜荣幸。""××先生,您的风采早有耳闻,今日一见果然气度不凡。"等等,这种类型的寒暄显得更加客套、礼貌、正规。

◎ 寒暄的要求

在商务活动中，寒暄具有独特的要求，这些要求可概括为以下几个方面。

① 掌握分寸，适宜合度。这里所提出的掌握分寸、适宜合度既有量方面的要求，同时还有质方面的要求。所谓量的要求是指寒暄语的使用不宜过度，能三言两语，绝不长话一串，能够精练，绝不拖沓。虽然可以随意，但切忌漫无边际，以免令人扫兴或产生不好的印象，妨碍交往的深入进行。所谓质的要求是指寒暄过程中不能言不由衷，更不能一味吹捧夸大，特别是对仰慕敬重型寒暄的运用尤要注意，以免产生物极必反的效果，使对方感觉自己受到讥讽或挖苦。

② 注重场合，谨慎用语。任何语言的使用都要注意"语境"的要求，这里所说的语境主要指语言使用的空间和时间。

在庄重的场合下，寒暄也应该与环境保持一致，要热情但不失庄重；而在轻松场合下，寒暄则要本着轻松但又不流于庸俗的原则。在日常生活中，常有由于寒暄不当而产生尴尬的情形，这在人际交往活动中要尽量避免。

③ 考虑对象，选择措辞。交往对象不同，寒暄的选择也应有差别。在这一点上要具体考虑这样几种因素。

一是年龄的差异。一般来说如果交往双方在年龄上有明显的差别，那么在寒暄的过程中，年轻者要表示敬重，而年长者则要表现出热情谦虚。

二是亲疏的界限。交往双方如果是已经非常熟悉的人，那么不妨在寒暄时更加随意、轻松一些为好；反之，若初次见面就应该显得庄重一些。

三是性别的不同。男性与女性之间交往时，寒暄应该特别注意，不适合于女性的语言一定要避免使用。另外，同女性寒暄时虽然不一定要故作严肃，但是谈论轻松的话题、幽默的话题要注意格调高雅，掌握分寸。

四是文化背景的特殊性。语言具有民族性，这不仅表现在语音、语调上，还体现在语言使用的习惯和表达的文化内涵上。不同民族、不同国家在寒暄这一语言环节上也有着明显的差异。

总之，在人际交往当中，商务人员应学会恰当地掌握或运用寒暄，为人际关系的和谐拉开序幕，并继续谱写出动人的篇章。

话题得体，打开交谈的话匣子

在商务交谈开始时，选择合适的话题是非常重要的。如果选择了对方不熟悉或不感兴趣的话题，谈话很容易陷入僵局，或者变成单方面的说教。

◎ 话题选择的原则

交谈双方熟悉程度不同，选择的话题也应有所不同。一般来说，在陌生人或是不太熟悉的人之间应选择比较简单且适宜的话题，如天气、环境、新闻等这些话题比较适合，不容易引起误会和不快。有人可能会觉得这些话题太陈词滥调了，其实，正是这些简单的话题可能引出非常有意义的、甚至是精彩的谈话。

如天气的话题可能引出有关生态环境方面的谈论；对一件摆饰的称赞可能引出有关瓷器、工艺品、古董方面的话题；一条简单的新闻可能引出大家都非常关注的某个热门话题。在人际交往中，不能害怕说"废话"，因为，我们需要从说一些无关紧要的"废话"开始与人的交往。另外，由于中国人对个人隐私观念比较淡薄，因此，与陌生人交谈时经常会以互相询问对方的籍贯以及工作单位作为谈话的开始。当然，以自我介绍作为与陌生人谈话的开始也是很好的，介绍往往可能会找到进一步交谈的话题。

在与熟人、朋友交谈时，几乎所有的话题都可以作为谈资。天气、新闻、体育、名胜古迹、个人爱好、小说、电影、电视、畅销书、流行时装，还有政治、经济、社会等严肃话题通通都行。这个时候话题是否合适的标准主要是看对方是否感兴趣。也就是说，选话题时应投其所好，选择对方可能喜欢讲的内容来交谈。

商务人员如果要选择某一项活动、某一个行业、某一个学术问题或某一特殊的事件作为交谈的话题，应考虑在座的所有人是否对这个话题感兴趣，能否参与，否则最好不要谈，以免冷落了大家。

◎ 不宜选择的话题

会说话的人，应该都知道避免谈及有争议性或对方忌讳的话题，因为那样容易破坏友谊，而且也无法营造出快乐、轻松的气氛，甚至会不欢而散。

① 涉及对方隐私的话题不谈。中国人尽管在传统上隐私观念比较淡薄，但随着国际交往的增加和西方文化的渗透，人们的隐私意识正在觉醒，人们开始看重自己的隐私，特别是年轻人。如收入、财产以及衣服、首饰的价格、年龄、家庭住址、工作单位、个人经历、信仰、婚姻等均属于个人隐私。

与人交谈，应尽量避免把个人的隐私作为话题。如果有人不知趣地问起你难以回答的问题，可以巧妙地转移话题，也可以简单地敷衍搪塞。

② 不愉快的事情不谈。西方有句名言："笑时，世人与你同笑；哭时，只有你一人独泣。"大多数人都喜欢轻松、愉快、积极的话题，而不喜欢沉闷、悲观和消极的话题。因此，在社交谈话中，不要随意张扬个人难处，也不要为自己的某次不公平待遇发牢骚，更不要不着边际地谈论自己的某次手术和在医院里所经受的痛苦。

③ 容易引起争论的话题不谈。人们交往的目的是为了建立友谊，因此任何可能破坏友谊，容易使双方失去原有的冷静，引起不必要争论的话题，如：政治、宗教、堕胎、同性恋、核能等敏感的问题，很可能使双方失去理智，情绪波动，伤及和气。当有人相当投入地谈论这些话题时，最好不要参与。

如果在交谈中已经不可避免地谈起了有争议的话题，一定要用平静的口吻发表自己的看法。不说有可能刺激或伤害对方感情的话，不刻薄，不挖苦，更不要专门大肆攻击与自己意见相左的一方。

注意倾听，显示良好的修养

善于交谈是一种天性，而认真倾听则是一种修养，它体现了对人的尊重，能创造一种与说者心理交融的谈话气氛。

注意倾听，做个忠实的听众。谈话本身包括说和听，不要口若悬河地垄断整个谈话，要给对方发表意见的机会。要全神贯注地聆听对方的讲话，不要轻易打断对方的谈话，以示尊重对方。对方讲话时，也可在适当时候发表自己的看法，不过一般不谈与正在议论的内容无关的话题。如果对方谈到一些有争议的话题，或者你认为他的观点你根本无法接受时，不必轻易表态或随声附和，可设法尽快转移话题。

◎ 倾听时专注有礼

倾听对方说话时，应目视对方，全神贯注。还可以通过点头、微笑及其他体态语言的运用，使对方感觉到这一点。对外界造成的种种干扰，要尽量做到视而不见，听而不闻。主观上产生的心理干扰，也要尽量控制。一个出色的聆听者，本身即具有一种强大的感染力，能够引起对方的谈话兴趣。

在同他人进行交谈时，商务人员应时刻不忘克己敬人，在礼仪上尽量做得中规中矩，需要自己"说"时是如此，同时需要自己"听"时也是如此。

◎ 倾听中呼应配合

当对方讲到精彩处时，可以击掌响应；当对方讲到幽默处时，可以以笑回应；当对方讲到紧张处时，要避免弄出声响；当交谈者所表达的观点与自己的观点一致时，还可以轻轻点头以示赞同。呼应配合在某种程度上可极大地调动对方的情绪。

◎ 倾听间正确插话

为使信息接受得更准确，对一些重要意见，最好能得到对方的认可，比如"你的意思是说……""我理解你的意思是……"。如果符合对方的意图，便会得到首肯；如果不符，对方会给你解释。如此，还会给对方留下一种你听得很认真的印象。

善用目光，传递内心的情感

眼睛被人们称为心灵的窗户，这是因为人们心灵深处的奥秘都会不自觉地从眼神中流露出来。在人与人之间进行交流时，目光的交流总是处于最重要的地位。

在商务交谈过程中，双方要不断地运用目光表达自己的意愿、情感，还要适当观察对方的目光，探测"虚实"。交流结束时，也要用目光作一个圆满的结尾。在各种礼仪形式中，目光有重要的位置，目光运用得当与否，直接影响礼仪的质量的好坏。

不同场合与不同情况,应运用不同的目光。

见面时,不论是见到熟悉的人,或是初次见面的人;不论是偶然见面,或是约定见面,首先要睁大眼睛,以闪烁光芒的目光正视对方片刻,面带微笑,显示出喜悦的心情。对初次见面的人,还应头部微微一点,行一注目礼,表示出尊敬和礼貌。

在集体场合,开始发言讲话时,要用目光扫视全场,表示"我要开始讲了,请予注意"。

在与人交谈时,应当不断地通过各种目光与对方交流,调整交谈的气氛。交谈中,应始终保持目光的接触,这表示对话题很感兴趣。长时间回避对方目光而左顾右盼,是不感兴趣的表示。但应当注意,交流中的注视,绝不是把瞳孔的焦距收束,紧紧盯住对方的眼睛,这种逼视的目光是失礼的,也会使对方感到尴尬。交谈时正确的目光应当是自始至终都在注视,用目光笼罩对方的面部,同时应当辅以真挚、热诚的面部表情。

在商务交谈中,随着话题、内容的变换,交谈双方应作出及时恰当的反应。或喜或惊,或微笑或沉思,用目光流露出会意的万千情意,可以使整个交谈融洽、和谐、生动、有趣。

交谈和会见结束时,目光要抬起,表示谈话的结束。道别时,仍用目光注视着对方的眼睛,面部表现出惜别的深情。

在掌握并正确运用自己目光语言的同时,还应当学会"阅读"

对方目光语言的方法。从对方的目光变化中，分析他的内心活动和意向。随着交谈内容的变化，目光和表情和谐地统一，表示对交谈很感兴趣，思想专注，谈兴正浓。对方的目光长时间地中止接触，或游移不定，表示对交谈不感兴趣，交谈应当很快结束。交谈中，目光乜斜，表示鄙夷；目光紧盯，表示疑虑；偷眼相觑，表示窘迫；瞪大眼睛，表示吃惊；等等。目光语言是千变万化的，但都是内心情感的自然流露。学会阅读分析目光语言，对于正确处理社交活动有着重要意义。

保持距离，不失交谈中的分寸

商务交谈双方根据亲疏关系及场合保持适当的空间距离和心理距离，有助于交谈愉快地进行。

◎ 空间距离

空间距离指人们在谈话时相距的空间。谈话时距离太远会使对方误认为你是在嫌弃他，太近又会侵略他人的个体空间，使对方不自在，因此太远太近都是失礼的。有研究者把人们交谈的空间距离分为公众区、社会区、个人区和亲密区四种。

·公众区的交谈，往往是一人与多人的交谈，谈话对象不太固定，相互间的距离一般在两米以上。

·社会区的交谈，多为熟人，距离一般是一米，若是陌生人则在一米以上。

·个人区的交谈，交谈对象多为关系更密切的一些朋友，距离在一米左右。

·亲密区的交谈，对象多为爱侣或挚友，因为谈话内容属隐私，需"交头接耳"说"悄悄话"，故彼此间的距离很近，甚至亲密无间。

总之，人们交谈的距离一般呈这种规律：彼此喜欢的人比不喜欢的人更近，要好的朋友比一般的熟人更近，熟人比陌生人更近，相同地位的人比不同地位的人更近，女士比男士更近。

◎ 心理距离

俗话说得好："过于亲近易生侮慢之心。"人与人之间往往会因为失去分寸而发生许多遗憾，其实这都是可以避免的事情，只不过人们通常都会因太过亲近而忘了应守的界限，在说话或行动上乱了方寸，让许多原本十分要好的朋友，转眼间成了见面不相识的陌生人。保持适当的心理距离以保交往安全，与人说话亦然！

SHIYONG
DIANHUA
YU
WANGLUO
DE
LIYI

第四章

使用电话
与网络的礼仪

在现代社会生活中，电话与网络是十分方便快捷的交流工具和沟通方式。人们在使用电话与网络进行人际往来的交流时，也要掌握其中的礼仪规范。电话交谈要掌握好合理的时间、梳理好交谈的内容，礼待他人，亲切自然，这些都是基本的礼仪常识。网络交流，同样需要注意友好礼貌，遵纪守法。只有这样，才能高效率地运用现代科技手段来为社交服务。

一 使用电话的礼仪

在现代信息社会，电话已经成为人们基本的沟通手段，大量信息需要通过电话来传达。但电话使用不当，就会给工作和人际关系造成潜在的损害。所以说，使用电话进行沟通，要像对待与他人的面谈一样谨慎、稳妥。不能因为只闻其声，不见其人，就口无遮拦，不守礼数。

打电话的基本礼仪要求

作为商务人员，在打电话时要注意以下几个方面的基本礼仪要求。

◎ 注意电话形象

商务人员在工作中接打电话时要表现得殷勤备至，即要对自己的通话对象耐心、细致、周到、热情。

① 耐心拨打。拨电话时，要沉住气，耐心等待对方接电话。一般而言，至少应等铃声响过六遍。

② 勤于接听。对接电话的一方来说，要把握好接电话时间。电

话铃一响，就应该做好接电话的准备，切不可故意让铃声响几遍。在国外，有接电话应"铃声不过三遍"的说法。

③ 解释差错。如果发现对方拨错了电话，不应责备对方，而应向对方解释，告之本电话是属单位或本人是谁。

④ 安排顺序。如果同时有两个电话待接，则应先接首先打进来的电话，在向对方解释并征得对方同意后，再去接听另一个电话。

⑤ 殷勤转接。如果接电话时发现对方找的是同单位或同部门的其他人，应让对方稍候，再热诚、迅速地帮助对方寻找所要联系的人员，切不可不理不睬，直接挂断电话。

◎ 注意电话语言

电话主要是以语言交流为基本形式的沟通工具。正确、有效地使用语言表达是礼仪要求的重要内容。

① 控制语调。语调最能体现细致微妙的情感。一般来说，语气要适中，语调均应以不影响别人办公为度，同时要使对方感到亲切自然。

② 掌握音量。由于打电话是远距离传送信息的过程，因此通话过程中发音清晰、咬字准确是保证通话质量的重要条件。

③ 调整语速。适中的语速是保证通话质量的关键。如果语速过快，对方很可能不能准确无误地接收到所有的信息；如果语速过慢，则容易引起对方的不耐烦和急躁的情绪。

④ 把握语气。通话时语气的把握至关重要。温和、亲切、自然的语气往往会使对方对自己心生好感，从而有助于交往的进行；相反，如果语气生硬傲慢、拿腔拿调，或者表现出厌烦责备的口吻，

则显然无助于工作的顺利开展。

彬彬有礼地表明身份

打电话之所以讲究礼节是因为在"不晓得是谁会接到电话"的前提下,一定要秉着"不论在什么场合都要彬彬有礼"的原则。

"喂,麻烦请找××先生。"不少人在打电话时,都像上述般不先说出姓名,这应该是属于一种习惯,可能这个人长年累月地打电话,所以在形式上就比较不像刚打电话到某地点时的那么拘谨,这也算是一种亲密的表现。但另一种可能是对方是自己的晚辈,或者在商业场合中居于下位等,所以无意识地反映出某种心理状态而不先说出姓名,通常这种情形打电话的人是不会察觉的。

其实纵使知道对方的桌子上有部电话,也不能一开始就以很熟稔的态度应对,而是应该先报出姓名,确定对方是谁后才开始展开适当的对话。

如果打电话时突然说"××先生",这和大摇大摆地走进人家屋里是没什么差别的,是有失礼貌的。因此,不管是打电话,或是拜访人家,其态度都一样需要拘谨。在确认对方身份之前,一定要以对待客人般的态度来应对。

通话的语言要简要、得体、亲切、自然

电话通话时,说话的声音应当清晰而柔和,吐字应当准确,句子应当简短,语速应当适中,语气应当亲切、和谐、自然。不要大声吼叫,震耳欲聋;也不要小声小气地如同"耳语",让对方干着急也听不清楚。

通话要注意以下几点。

◎ 注意说话的礼貌

电话语言也能反映一个人的作风、礼仪品质和综合素养。尽管不是面对面交谈,从通话的语气措辞、表情声态、姿势动作中,可以看出一个人乃至一个机关单位的整体形象。通话一定要注意通话礼节,遵守礼仪规范。如打错电话要道歉后立即挂机,不必做过多的解释,也不能一声不吭就挂机;若有急事要结束通话,应在对方讲话停顿时打断他的讲话。

◎ 说话的语句尽量简短

简短是通话的基本要求。提出问题、回答问题,都要言简意赅、干脆利落。国外有人提出"三分钟原则",就是通话不超过三分钟,这是有一定道理的。做到简短,这里既有认识态度问题,也有技巧能力问题。思想重视,端正态度,就不会在电话里拉家常,海阔天空,无边无际;善于表述,思路清晰,紧扣话题,就可以避免话越说越长,

没完没了。

◎ 说话内容要有条理

在打出去之前一定要先整理好要讲的顺序内容，同时做好备忘记录。有八成的电话是在三分钟内完成的，这代表只要有三分钟，大概就可以把要讲的话说完。如果同时有几件事要讲的话，最好是整理成为简洁的要点备忘，如此才能迅速且不发生错误。

把握合理的交谈时间

打电话给别人的举动，可以说是无视对方当时方便与否，就像突然造访一般唐突，这一点可千万别忽视，否则会让人感到很失礼。叙述事情时，应当简洁扼要，在叙述前应体贴地先问一下"现在方便讲吗？"待确认了对方的方便后，才可开始叙述事情的内容。

时间控制，包括打电话时间的选择和电话交谈所持续的时间。除了紧急的要事以外，一般在以下时间是不适宜打电话的，否则是一种很不礼貌的行为：三餐吃饭的时间、早晨七点以前和晚上十点半以后。

电话中交谈所持续的时间，也是打电话的礼貌之一。打电话的时间一般以五分钟为宜。如果一次电话要占用五分钟以上的，就应该首先说出你要办的事，并问一下："您现在和我谈话方便吗？"假如这时不方便，就和对方另约一个时间。

接听电话时不要在铃响瞬间马上拿起话筒

电话不是比赛拔枪,看谁快。第一次铃声未响完前,"啪"的一声就接起来,接着就像连珠炮般地说:"喂,您好!"这样会让对方感到不知所措。

电话不是看谁接得快的比赛,所以至少也要等到第一次铃声响过后,再接起来。

如果站在拨电话的人的立场设想,就不难知道为什么了。当我们想打电话而拿起话筒,多数人一边拨着号码,脑海里边整理着要讲的内容,然后对方电话铃声开始响,从话筒里的蜂鸣声,我们首先要判断电话是接通还是占线。如果接通,才会说"喂,您好!"接着才报上自己的姓名及打电话的目的,这是一般正常的步骤。

可是铃声还未落,就有人回答"喂,您好!"这时拨电话的人的心理尚未准备就绪,所以也许就会兴起再重打一次的念头,搞不好就会说"啊,对不起打错了"。实际上,这种例子也常常发生。

因此,放置一段"时间",会更能让人感到自然。

如同众所皆知的贝多芬《命运交响曲》的开头乐章的一段是设定在用最快的拍子(轻快板),其实这首曲子的第一个音符是休止符,也就是说这首曲子是起始于无音的状态。换句话说,这就是放置的时间,这一瞬间有可能带动下面音符所带来的效果。不要漠视这个间隔的必须性,就像在开口前必须先咳一声,否则无法接上话的情形一样。因此,接听电话时,至少要等第一次铃声响完后,再缓慢地接起，这也是适当的电话礼仪。

对打错电话时态度要和蔼

在工作场合上，当接到打错的电话时，也要跟接听一般的电话相同，要有礼貌，至少要说声"对不起"。

接听电话的人一拿起话筒，当知道是打错的电话时，立即以很不悦的语气说"你打错了"便咔嚓一声就挂断，然后还很气愤地想"没礼貌的家伙！连句抱歉也没说"，可是事实上，这常是连给对方道歉的机会都没有，就立即挂断电话的缘故。

而打电话的人也一样，有不少人当知道自己打错了，连句"对不起，打错了"也没说，就挂掉了。因此，只要知道是打错了电话，双方从头到尾都是以冰冷的无礼貌态度来应对。

仔细想想，接到打错的电话不用付电话费，更何况又是善意的错误，所以在态度上多些宽容又有何妨呢？

相信每个人都有打错电话或接错电话的经验，当自己打错而对方只生硬地说一声"你打错了"就挂断时，虽然是自己的错，但你也一定会相当地不愉快。

做好通话要点的记录

在平时的社交活动中,电话已成为越来越重要的社交工具。

为了不在电话应对上有所疏忽或闪失,记录内容非常重要。但如果记下来的是错误的,那就没有任何意义了,可是,这种漫不经心的错误、误会,或因妄下定论所造成的错误却是经常发生。为了降低这种错误,要把对方所交代的事用便条纸记下来,同时还必须复诵确认。尤其是传话,如果疏于对待这些小地方,很有可能造成大失误。所以,谨慎的人甚至都会请对方复诵一次自己所讲的话。

当自己打电话出去时也相同,若对方没有复诵的意思时,自己可以主动地说:"对不起,我重新念一遍请您核对,行吗?"如此才不会有听错的情形发生。

由于电话的普及率相当高,因此往往在使用上就有轻视的倾向。其实在人们的日常生活中,电话的应对与一般面对面的应对没有什么两样,当电话铃响时,必须做到下意识地就拿起纸和铅笔,然后再接电话。像这样互相确认内容,就可以弥补电话本身无法记录的缺点。

正确的记录与否,跟电话应对的好坏是相同的重要。电话传话的记录方法,必须注意下列几点:简略地记录所有要点;正确地记下固有名词,不清楚的时候要再确认一次;记下备忘后,须重新确认一次后再转达。

不要忘了写下来电者的姓名、接听的时间及接到电话的人名。传话的要领，如果按照人们常说的 5W 就不容易出错了，也就是英文单词"谁（打来的人），打给谁（要找的人），目的（什么事、什么时候、在哪里、怎么做），何时（打来的时间），是谁（接电话的人）"一边想一边记下来，就不会有问题。电话传话记录虽然只是一张纸，可是它却是重要得连一字一句，也省略不得。

转接电话要认真负责

电话铃响，拿起话筒，首先以礼貌用语交流，明确所找的人后，可立即回答；如果要找的人不在，可婉转回答对方或告诉对方过会儿再打来；对方有重要事可转告或被要求记录下来，应认真予以记录，其中的重点内容再复述一遍，以证实是否有误。

当知道了对方的名字及要找的对象之后，接下来便是要再做一次确认（复诵），这是为了避免弄错要找的对象，也是告诉对方"我一定会帮你转接给他"的意思。有时候打电话来的人没有报上自己的名字，但一定是有事才打这通电话，所以一定会说出要找的人的姓名。

二　使用网络邮件的礼仪

在这个网络时代，网络已成为人与人之间重要的联络工具和沟通方式，如同使用电话一样，使用网络也要注意礼仪要求。网络沟通方式指的是以计算机网络为工具，以文字、声音、图像及其他多媒体为媒介的沟通方式。因此，熟悉网络礼仪是商务人员在使用网络时必须注意的第一步。

认真填写电子邮件

电子邮件又称电子函件，它是利用电子计算机所组成的互联网络，向交往对象所发出的一种电子信件。使用时，应注意以下几个方面的礼仪要点。

◎ 撰写邮件的基本要求

向他人发送电子邮件，一定要精心构思，认真撰写。若是随想随写，是既不尊重对方也不尊重自己的表现。在撰写电子邮件时，主题要明确，使收件人一看到主题就大体明确了邮件的基本内容。

◎ 给邮件写一个明确的标题

电子邮件的标题很重要，要一目了然，尤其是第一次与客户接触，领导干部最好在标题中注明自己的姓名，让对方在打开邮件前就有一个印象，便于快速地了解邮件的内容。

◎ 力求做到语句流畅通顺

电子邮件的语言表达要力求流畅，要便于阅读，不要措辞混乱，语句不通。尽量不要写生僻字、异体字，引用数据、资料时，最好标明出处，以便收件人核对。

◎ 格式规范，多使用敬语

正式沟通中的电子邮件一定要按照规范的信函格式来写，不可随意涂改。要多使用敬语，避免使用网络缩写文字。署名要真实，不可使用网名。

发送邮件的注意事项

◎ 提前通知收件人

尽量在发邮件以前得到对方的允许，或者至少让他知道有邮件过来，确认你的邮件对他有价值。因为没有人会喜欢垃圾邮件，收件人对于满篇废话的不速之"件"的态度，通常是作为垃圾邮件处理，一删了之。

◎ **不要发送私人或者机密邮件**

即使选择了"永久删除"，许多软件和网络服务仍然可以访问硬盘上备份的信息。在发送以前，应仔细考虑如果别人看到这封信会发生什么情况，不要冒着泄露对方机密的风险发送机密邮件。

◎ **小心使用附件功能**

附件越大，下载时间就越长，占用收件人电脑的空间就越多。有些附件可能毫无必要，也许收件人已经有了。邮寄那些冗长的附件，只会浪费时间，给他人造成不便。对于连篇累牍的文件，应考虑使用传真来代替电子邮件。

◎ **小心使用抄送功能**

有些人也许会把自己的邮件像备忘录一样抄送给其他同事。切记：不要滥用抄送功能，否则收件人会以处理垃圾邮件的方式，将其删除。

及时地回复他人的邮件

◎ 经常浏览收件箱

不管对方是否经常接收电子邮件,领导干部还是要每天浏览自己的收件箱,注意及时查看有无新邮件,并尽量在第一时间与对方进行深入交流。

在合理的时间段内定期回复邮件,惯例是二十四小时之内。如果对方要求立即回复而你做不到,应该让他知道何时能得到所需信息。

防范和制止网络犯罪

近些年来,"黑客"时常现身于网络。所谓"黑客",是指采用非法手段侵入网络服务器的人。"黑客"往往凭借其高超的计算机知识和网络操作技能,进入重要机构的服务器,或偷窥机密,或擅改程序,造成网络混乱,并从中谋利,进行高科技犯罪。

作为一个奉公守法的公民,既不能充当"黑客",同时又必须防范"黑客",并坚决地与其进行斗争。

收发电子邮件的注意事项

电子邮件，又称电子函件或电子信函，英语名称为E-mail。它是利用电子计算机所组成的互联网，向交往对象所发出的一种电子信件。

在使用电子邮件时，需要遵守以下几个方面。

① 除了不用信封和贴邮票外，必须遵守纸质书信的一般规范，要有礼貌，有称呼、问候、致谢、签名等。在收到他人的重要电子邮件后，应即刻回复对方。

② 发出信件之前，必须采用杀毒程序扫描文件，以免将"病毒"寄给对方。

③ 在内容上，应当认真撰写。主题要明确，语言要流畅，引用数据、资料最好要标明出处，以便收件人核对。篇幅要简洁，愈短愈好。

④ 避免滥用电子邮件。不可传播"垃圾"邮件，不可轻易地向他人乱发电子邮件，漫无边际地谈一些鸡毛蒜皮的无聊之事，用它浪费自己和他人宝贵的时间。

CHAPTER

SHANGWU
YAOYUE、
BAIFANG
YU
JIEDAI
DE
LIYI

第五章

商务邀约、拜访
与接待的礼仪

商务往来中，彼此邀约、拜访与接待，都属于常见的商务活动形式。根据商务礼仪规范，无论是商务邀约，还是商务拜访与商务接待，都应把讲文明、讲礼节、讲礼貌和遵守规范格式放在突出的位置。因此，邀约方和受邀约方、拜访者和受访者、接待方和被接待方，都应十分重视讲究其礼仪，按礼仪要求做好各方面的准备，并且体现在商务交往活动中。

一 商务邀约的礼仪

在商务交往中，因为各种各样的实际需要，商务人员需要对一定的交往对象发出邀请，邀请对方出席某项活动，或是前来己方家做客。

从商务交往的角度看，邀约实质上是一种双向的约定行为。当一方邀请另一方或多方人士，前来自己的所在地或者其他某处地方约会，或出席某些活动时，他不能仅凭自己的一厢情愿行事，而是必须取得被邀请方的同意与合作。作为被邀请者，需要及早地作出合乎自身利益与意愿的反应。不论是邀请者，还是被邀请者，都必须把邀约当作一种正规的商务约会来看待，而不可对它掉以轻心。

书面邀约：庄重而不失礼

对邀请者而言，发出邀请，如同发出一种礼仪性很强的通知一样，不仅要力求合乎礼貌，取得被邀请者的良好回应，而且还必须使之符合双方各自的身份，以及双方之间关系的现状。

在一般情况下，邀约有正式与非正式之分。正式的邀约，既讲究礼仪，又要设法使被邀请者备忘，故此它多采用书面的形式。非正式的邀约，通常是以口头形式来表现的，相对而言，它要显得随便一些。

正式的邀约，有请柬邀约、书信邀约、传真邀约、电报邀约、便条邀约等具体形式，它适用于正式的商务交往中；非正式的邀约，也有当面邀约、托人邀约以及打电话邀约等不同的形式，它多适用于商务人士非正式的接触之中。前者可统称为书面邀约，后者则可称为口头邀约。

根据商务礼仪的规定，在比较正规的商务往来之中，必须以正式的邀约作为主要形式。因此，有必要对它作出较为详尽的介绍。

◎ 请柬邀约

在正式邀约的诸形式之中，档次最高，也最为商务人士所常用的当属请柬邀约。凡精心安排、精心组织的大型活动与仪式，如宴会、舞会、纪念会、庆祝会、发布会、单位的开业仪式等，只有采用请柬邀请嘉宾，才会被人视之为与其档次相称。

请柬又称请帖，它一般由正文与封套两部分组成。不管是上街购买印刷好的成品，还是自行制作的，在格式与行文上，都应当遵守成规。

请柬正文的用纸，大都比较考究。它多用厚纸对折而成，以横式请柬为例，对折后的左面外侧多为封面，右面内侧则为正文的行文之处。封面通常采用红色，并标有"请柬"二字；请柬内侧，可以同为红色，或采用其他颜色。但民间忌讳用黄色与黑色，通常不可采用。

在请柬上亲笔书写正文时，应采用钢笔或毛笔，并选择黑色、蓝色的墨水或墨汁。红色、紫色、绿色、黄色以及其他鲜艳的墨水，则不宜采用。

在请柬的行文中，通常必须包括活动形式、活动时间、活动地点、活动要求、联络方式以及邀请人等项内容。

在请柬的封套上，被邀请者的姓名要写清楚，写端正。这既是为了向对方示敬，也是为了确保它被准时送达。

◎ 书信邀约

以书信为形式对他人发出的邀请，叫作书信邀约。比之于请柬邀约，书信邀约显得要随便一些，故此它多用于熟人之间。

用来邀请他人的书信，内容自当以邀约为主，但其措辞不必过于拘束。它的基本要求是言简意赅、说明问题，同时又不失友好之意。可能的话，它应当打印，并由邀请人亲笔签名。比较正规一些的邀请信，有时也叫邀请书或邀请函。

邀请信

尊敬的××公司负责人：

"2018年广州民用新产品新技术展销会"定于5月8日至28日在广州国际展览中心举行，欢迎贵公司报名参展。

报名时间：3月1日至20日

报名地点：××××××

联系电话：××××××

组委会敬邀

2018年2月16日

在装帖与款式方面，邀请信均不必过于考究。其封套的写作与书信基本上相同。

◎ 传真邀约

传真邀约，指的是利用传真机发出传真的形式，对被邀请者所进行的一种邀约。在具体格式、文字方面，其做法与书信邀约大同小异。但是由于它利用了现代化的通讯设备，因而传递更为迅速，并且不易丢失。此外，还有一种电子邮件邀约，其做法基本与传真相似。

◎ 便条邀约

在某些时候，商务人士在进行个人接触时，还会采用便条邀约。便条邀约，即将邀约写在便条纸上，然后留交或请人带交给被邀请者，在书面邀约诸形式之中，它显得最为随便。然而因其如此，反而往往会使被邀请者感到亲切、自然。

便条邀请的内容，是有什么事写什么事，写清楚为止。它所选用的纸张，应干净、整洁为好。

依照常规，用以邀约他人的便条不管是留交还是带交对方，均应装入信封之中，一同送交。让邀请条"赤条条"地来来去去，则不甚适宜。

在一般情况下，不论以何种书面形式邀约他人，均须做得越早越好。至少应当在一周之前到达对方手中，以便对方有所准备。否则不仅会让对方感到措手不及，而且也是非常不尊重对方的。

口头邀约：亲切而显尊重

口头邀约即非正式邀约，有当面邀约、托人邀约以及打电话邀约等不同的形式，多用于商务人士非正式的接触之中。

在一般情况下，口头邀约也应至少在一周之前到达对方手中，以便对方有所准备。不然，也是非常不尊重对方的。

应邀与婉拒：做到合情合"礼"

在商务交往中，商务人士不管接到来自任何单位、任何个人的书面邀约，都必须及时、正确地进行处理。自己不论能不能接受对方的邀约，均须按照礼仪的规范，对邀请者待之以礼，给予明确、合"礼"的回答：或者应邀，或者婉拒。

所有的回函，不管是接受函还是拒绝函，均须在接到书面邀约之后三日之内回复，而且回得越早越好。

在回函的行文中，应当对邀请者尊重、友好，并且应当对能否接受邀约这一关键性问题，作出明确的答复，切勿避实就虚，让人觉得"难解其中味"。如果拒绝，则讲明理由，就可以了。

回函的具体格式，可参照邀请者发来的书面邀约。在人称、语气、措辞、称呼等方面，与之不相上下，就算不上失礼。

在写接受函时，应将有关的时间与地点重复一下，以便与邀请者"核实"无误。在写拒绝函时，则不必这样做。

回函通知邀请者自己决定接受邀请后，就不能届时失约了。这类临时的"变卦"，会给邀请者平添许多麻烦。

拒绝邀约的理由应当充分。卧病、出差、有约在先等，均可采用。在回绝邀约时，不要忘记向邀约者表示谢意，或预祝其组织的活动圆满成功。

对于邀约上的书面规定的赴约要求，被邀请者在原则上都应当接受，并且"照章办事"。

二 商务拜访的礼仪

拜访是指亲自或派人到有关单位去拜见、访问的活动。在人际之间、社会组织之间、个人与组织之间，拜访活动都是必不可少的。拜访可分为事务性拜访、礼节性拜访和私人拜访三种。事务性拜访又有商务洽谈性拜访和专题交涉性拜访之分。遵循一定的礼仪规范，是商务拜访取得成效、达到目的的关键所在。

重视拜访前的预约礼仪

预约是指拜访前向对方提出拜访的恳请，以征得对方的同意。通过预约可以使拜访顺理成章，免做不速之客。预约的具体要求是：

◎ 预约前的准备

作为拜访者在提出预约前应把拜访的具体时间、地点、目的等问题考虑详细周到，以免当对方问及时支支吾吾或信口开河。同时，也应考虑到若对方不同意，应该怎么办。

① 时间的选择。这是对方是否接受拜访的首要条件。若是公务

拜访应选择对方上班的时间；若是私人拜访，应以不妨碍对方休息为原则，尽量避免在吃饭时间、午休时间，或者是在晚上十点钟之后登门拜访。一般说来，上午九点至十点钟，下午三点至四点钟或晚上七点至八点钟是最适宜的时间。

② 地点的选择。地点的选择有三个：一是办公室，二是家里，三是公共娱乐场所，这要视拜访的具体目的而定。若是公务拜访则应选择办公室或者娱乐场所，若是私人拜访则应选择家里或者娱乐场所。

③ 拜访的目的。拜访的目的要具体。如果对方拒绝拜访，要委婉地问对方何时有时间，何种情况下可以拜访；如遇对方确实忙，分不开身，则说："没关系，以后再联系。"

◎ 预约的方式

无论哪种类型的拜访，预约的方式都大致为电话预约、当面预约或书信预约。

无论何种形式的预约，都要用客气的、商量的或恳求的口吻，而不能用命令的口气要求对方，以免引起不快。

做好赴约前的准备礼仪

作为拜访者，当预约得到肯定的答复之后，就要做认真的赴约准备。赴约准备充分与否,直接影响到拜访目的的实现。一般情况下,赴约的准备包括以下几方面的内容。

◎ 服饰仪表要得体

如果是正式的公务拜访,穿着一定要整齐大方、干净整洁,要和自己的职业、年龄相称。如果是朋友之间的拜访,则不必太讲究,但要整洁大方,同时还应注意仪表的修饰。

◎ 内容材料要详细

拜访是有一定目的的交际活动,因此拜访者在拜访前一定要根据拜访的内容,把材料准备充分,以免措手不及,东拉西扯,浪费时间,达不到拜访目的。

◎ 交通路线要具体

作为拜访者一定要对拜访的地点有所了解,特别是对自己首次去的地方,要提前了解一下交通路线,以免耽误时间。因为只知大概方向,不知具体确切的路线,会影响按时赴约。

◎ 名片礼品要备齐

在拜访前,拜访者一定要把自己的名片准备好,并放在容易取出的地方,同时,还要准备一些礼品。这对于促进情感的交流、增进相互了解有一定的作用。

> **Tips**
>
> 爽约很难让人产生信赖感,因此,赴约一定要守时。如果确实由于特殊原因而不能按时赴约,一定要想办法通知对方,并诚恳地说明爽约的原因,并表示歉意。如实在来不及或没有办法通知对方,一定要在过后及时向对方说明原因,并表示歉意。

遵守拜访中的礼仪规范

拜访礼仪主要是指在拜访过程中应遵守的礼节规范,公关人员对此必须了然于胸。

◎ 按时到达

按时赴约,这是拜访的基本礼节。一般情况下拜访要按预先约定的时间提前三分钟至五分钟到达。这样,一方面可以避免到得早主人没有做好迎客的准备,出现令主人难堪的场面;另一方面也不会因到得晚而让主人焦急等待。拜访时按时到达,给对方一个守信、守时的印象,可以使双方的交流合作有一个良好的开端。

◎ 礼貌登门

当拜访者到达被拜访者的门口时，首先要整理一下自己的衣服、发型，并把鞋擦净，然后按门铃或叩门求进，这表示拜访者对主人的尊重。按门铃或叩门时要注意力度和节奏，不可用力太大、时间太长，更忌用力敲打或用脚踹门。如果主人询问"谁呀？"除了天天见面的熟人，主人能辨别你的声音外，应通报自己的姓名，或姓名加单位，而不能只是回答"我"。到达时如主人的门开着，也不可贸然进入，仍要按铃、叩门或叫一声，等主人发出"请进"的邀请之后方可进入；进门之后要轻轻地把门关上，并且礼貌询问主人是否要换鞋。夏天进屋后再热，也不应脱掉衬衫、长裤；冬天进屋再冷也应脱下帽子，有时还应脱下大衣和围巾，并切忌说冷，以免引起主人误会。雨天携有雨具拜访时，进屋前就应向主人征询雨具该放在什么地方。

无论是公务拜访还是朋友之间的拜访，进门后，首先要和拜访对象握手、问好。问好之后，应在主人的安排下入座，否则就是不礼貌的。

◎ 言行适当

当主人上茶水时，应欠身双手相接，并致谢。如茶水太烫，应等其自然晾凉了再喝，必要时也可将杯盖揭开。放置杯盖时，盖口一定要朝上。喝茶时应慢慢品饮,切忌用嘴边吹边喝,不要一饮而尽,也不要啜出声响。主人递烟时,如果你不会抽,也应致谢,要说"谢谢,我不会抽"。如果主人没有递烟,而自己又特别想抽时,应征得主人同意,说"对不起,我可以抽烟吗?"待主人说"请"或"可以",你道完谢之后再抽,抽烟时,应将烟灰弹入烟灰缸内;如没有烟灰缸,应自己主动用一张小纸卷成一个小筒,将烟灰弹入,待出门时扔进垃圾箱里,千万不可将烟灰随处乱弹。

在拜访的交谈中,拜访者须语言适度,表达准确,不夸大其词,亦不要过于谦卑。特别是在一些商业性或政治性拜访中一定要做到:能够做到的事情要大胆地说,而且要充满自信;做不到的事情,不要信口开河,要以实相告;眼前暂时做不到的但通过努力可以做到的事情要留有余地,恰如其分地说;要讲究卫生,不要把别人的房间弄脏。

告辞也要讲究礼貌

拜访的时间不宜过长,当宾主双方都已谈完该谈的事情,叙完该叙的情谊之后就应及时起身告辞。此外,当遇到以下这几种情况,也应及时告辞,一是双方话不投机,或当你谈话时,主人反应冷淡,甚至不愿搭理时;二是主人虽显"认真",但反复看他自己的手表或看墙上的挂钟时;三是主人将双肘抬起,双手支于椅子的扶手时。但当你提出告辞时,主人如果说上几句"再坐坐"之类的话,那他往往也只是纯粹的礼貌性客套，你如果没有非说不可的话，就应毫不犹豫地起身告辞。

当然，告辞也有一定的礼节要求，主要礼节如下。

◎ 讲究告辞时机

告辞也是拜访的重要礼节，切忌别人正在讲话或者别人的话刚讲完，就马上提出告辞，这样会被认为不礼貌，或对别人讲话感到不耐烦，对别人不重视。最好是自己讲一段带有告别之意的话之后，或者是在双方对话告一段落，新的话题没有开始之前提出告辞，或者被拜访者有了新的客人而自己又不认识时提出告辞。

◎ 要注意辞谢

告辞时对于主人尤其是女主人的热情招待，千万不要忘记感谢，即便是简单的一句"多谢您的盛情招待""给您添麻烦了"，这是一种最起码的礼貌。

◎ 主人送你出门时，应劝主人留步

主动伸手握别，然后看好门外第一个拐弯处，当走到该处时，一定要再回头看看主人是不是还在目送。如果主人还未返回，应挥手向主人示意，以示最后的谢意，并请主人快回家去。如果主人站在门口，发现你"一去不回头"，那你就失礼了，主人也会很失望。

三 商务接待的礼仪

在商务活动中,十分频繁的业务交往与商务合作,使得接待任务十分繁重。从接待礼仪的角度来说,在商务往来中,"来者都是客",不论客方平时与己方关系如何,都应以礼相待。

在商务活动中,为了以礼接待商界同仁,必须遵循商务礼仪的惯例和规范,只有这样,才能加强与被接待方的感情,使双方的合作愉快、顺利地进行。

周到安排,做好接待准备

从接到来客的通知后,接待工作就开始进入了准备阶段。这是整个接待工作的重要环节,应设想整个接待程序,注意细节,做到有条不紊。

◎ 了解客人基本情况

接到来客通知时,首先要了解客人的单位、姓名、性别、民族、职业、级别、人数等;其次要掌握客人的意图,了解客人的目的和要求以及在住宿和日程安排上的打算；再次要了解客人到达的日期、所乘车次、航班和到达时间，然后将上述情况及时向主管人员汇报，并通知有关部门和人员做好接待的各项准备工作。

◎ 确定迎送规格

要按照身份对等的原则，安排接待人员。对较重要的客人，应安排身份相当、专业对口的人士出面迎送；亦可根据特殊需要或关系程度，安排比客人身份高的人士破格接待。对于一般客人，可由公关部门派遣有礼貌、言谈流利的人员接待。

◎ 布置接待环境

良好的环境是对来宾的尊重与礼貌的表示。接待室的环境应该明亮、安静、整洁、幽雅，应配置沙发、茶几、衣架、电话，以备接待客人进行谈话和通讯联络之用。室内应适当点缀一些花卉盆景、字画，以增加雅致的气氛，还可放置几份报刊和有关本单位或公司的宣传材料，供客人翻阅。

◎ 做好迎客安排

与行政或公关部门联系，按时安排迎客车辆；预先为客人准备好客房及膳食；若对所迎接的客人不熟悉，需准备一块迎客牌，写上"欢迎×××先生（女士）"以及本单位的名称；若有需要，还可准备鲜花等。

注重礼宾秩序

礼宾秩序所要解决的是多边商务活动中的位次和顺序的排列问题。这是一个容易忽视的问题，不当的排序会引发误解甚至是纷争。在正式的商务活动中，礼宾秩序可参考下列四种方法。

◎ **按照来宾身份与职务的高低顺序排列**

如接待几个来自不同方面的代表团时，确定礼宾秩序的主要依据是各代表团团长职务的高低。

◎ **按照来宾的姓氏笔画排列**

在国内的商务活动中，如果双方或多方关系是对等的，可按参与者的姓名或所在单位名称的汉字笔画多少排列。其具体排法：按个人姓名或组织名称的第一个字的笔画多少，依次按由少到多的次序排列。比如，当参加者有丁姓、李姓、胡姓时，其排列顺序就是丁、李、胡。当两者第一字笔画数相等时，则按第一笔的笔顺点、横、竖、撇、捺、弯勾的先后关系排列；当第一笔笔顺相同时，可依第二笔，以此类推。

◎ **按企业名称的英文字母顺序排列**

在涉外活动中，则一般应将参加者的组织或个人按英文或其他语言的字母顺序进行排列。具体方法如下：先按第一个字母进行排列。当第一个字母相同时，则依第二个字母的先后顺序排列；当第二个字母相同时，则依第三个字母的先后顺序排列，以此类推。但每次只能选一种语种的字母顺序排列。

遵循身份对等的惯例

身份对等是商务接待礼仪中的常识和惯例，国内国外，上层下层，皆是如此。它表示对交往双方的尊重和敬意，也是对交往活动的重视。

身份对等，是商务礼仪的基本原则之一。其基本含义，是指己方作为主人，在接待客户、客商时，要根据对方的身份，同时兼顾对方来访的性质以及双方之间的关系，安排接待的规格，以便使来宾得到与其身份相称的礼遇，从而促进双方关系的稳定、融洽与发展。这项原则，要求我们在接待工作中，应把对方的身份置于首要的位置，一切具体的接待事务均应依此来确定。

根据身份对等的原则，己方出面迎送来宾的主要人员应与来宾的身份大体相当。若己方与来宾身份对等的人员身体不适或忙于他事难以脱身或不在本地，因而不能亲自出面迎送来宾时，应委派其副手或与其身份相近的人员出面接待，并在适当的时刻向来宾作出令人信服的说明和解释，以表示我方的诚意。

同样，己方人员在与来宾进行礼节性会晤或举行正式谈判时，也必须使己方到场的人数与来宾的人数基本上相等。另外，己方在为来宾安排宴请活动，或为其准备食宿时，亦应尽量使之在档次、规格各方面与来宾的身份相称，并符合客人们的生活习惯。

在商务往来中贯彻身份对等的原则，是为了更好地确定宾主双方都能够接受、都能够感到满意的接待标准，也是为了充分地表达东道主对来宾的尊重与敬意。当然，有的企业为强调自己对宾主双方特殊关系的重视和对于来宾的敬重，特意打破常规，提高对来宾的接待规格也是可行的，但不宜多用。

热情地迎候和礼待宾客

在商务往来中，对于如约而来的客人，特别是贵客或远道而来的客人，表示热情、友好的最佳方法，就是指派专人出面，提前到达双方约定的或者是适当的地点，恭候客人的到来。

对于来自本地的客人，接待人员一般应提前在本单位住地的大门口或办公楼下迎候客人。待客人的车辆驶近时，应面带微笑，挥起右臂轻轻地晃动几下，以示"我们在此已经恭候多时了，欢迎您的光临"之意。若来宾德高望重或是一位长者的话，则我方的接待人员应在对方的车子停稳之后，疾步上前，为之拉开车门，并同时伸出另一只手挡住车门的上框，以协助对方下车。在来宾下车之后，我方的迎候人员应依照身份的高低，依次上前，与对方人员一一握手，并同时道一声："欢迎光临！"或是"欢迎，欢迎！"若双方此刻到场的人员较多，则我方应有专人出面，按照有关礼仪规范，为双方人员引见、介绍。接待来宾时介绍的顺序是先介绍主人，后介绍客人。若宾主双方需要介绍的人员较多，则应依照身份的高低顺序，先将我方人员的姓名、职务一一介绍给来宾，再将来宾一一介绍给我方人员。彼此见面后，即由我方接待人员引导到预定的会客室。

对于来自外地或海外的重要客人，接待人员应专程提前赶往机场、码头或火车站，迎接客人的到来。

当客人到达时，应主动上前对客人表示欢迎和问候，并就有关事宜进行简单的介绍。接着，陪同来宾乘坐我方为之准备好的车辆，驶往下榻地点。客人抵达住地后，尽可能妥善安排，使客人有宾至如归之感，比如，向客人提供活动的日程安排表、本地地图和旅游指南，同时，还可以向客人介绍餐厅用膳时间及主要的接待安排，了解客人的健康状况及服务要求，等等。

将客人送到客房后，迎接人员不必久留，以便让客人更衣、休息和处理个人事务，分手前应约好下次见面的时间及联系方式等。

05 对宾客全程陪同

商务接待活动中总是需要有人陪同客人进行一系列的活动，陪同中必要的礼仪会使客人感到踏实、温馨。

在商务活动中，接待人员陪同客人，步行一般应在客人的左侧，以示尊重；如果是主陪陪同客人，就要并排与客人同行；如属随行人员，应走在客人和主陪人员的后边。

负责引导时，应走在客人左前方一两步远的地方和客人的步速一致，遇到路口或转弯处，应用手示意方向并加以提示。乘电梯时，如有专人服务，应请客人先进；如无专人服务，接待人员应先进去操作，到达时请客人先行。进房间时，如门朝外开，应请客人先进；如门往里开，陪同人员应先进去，扶住门，然后再请客人进入。

乘车时，陪同人员要先打开车门，请客人上车，并以手背贴近车门上框，提醒客人避免磕碰，待客人坐稳后，再关门开车。按照习惯，乘车时客人和主陪应坐在司机后第一排位置上，客人在右，主陪在左，陪同人员坐在司机身旁。车停后陪同人员要先下车打开车门，再请客人下车。如果接待两位贵宾，主人或接待人员应先拉开后排右边的车门，让尊者先上，再迅速地从车的尾部绕到车的另一侧打开左边的车门，让另一位客人从左边上车，只开一侧车门让一人先钻进去的做法是失礼的。当然，如为了让宾客顺路看清本地的一些名胜风景，也可以说明原因后，请客人坐在左侧，但同时应向客人表示歉意。需要强调的是，即使是为了让客人欣赏风景，也不要让客人坐司机旁的位置，尤其是接待港、澳、台地区和外国客人时更应注意这一点，否则，会弄巧成拙、事与愿违。

如果陪客人、外宾参观访问，陪同人员应提前十分钟到达；参观过程中，陪同人员应走在宾客的右前方，并超前两三步；时时注意引导，遇进出门、拐弯或上下楼梯时，应伸手示意；当参观结束后，应将客人送至宾馆，然后再告别。

礼貌地送别宾客

送别客人是接待工作最后的也是非常重要的一个环节。

尽管接待和陪同都做得热情、周到，令客人满意，但假如最后送别时失礼，则前功尽弃。

当客人告辞时，应起身与客人握手道别。对于本地客人，一般应陪同送行至本单位楼下或大门口，待客人远去后再回单位；如果是乘车离去的客人，一般应走至车前，接待人员帮客人拉开车门，待其上车后轻轻关门，挥手道别，目送车远去后再离开。

　　对于外来的客人，应提前为之预订返程的车票、船票或机票。送别外宾，要按照迎接的规格来确定送别的规格，主要迎候人应参加送别活动。一般情况下送行人员可前往外宾住宿处，陪同外宾一同前往机场、码头或车站，也可直接前往机场、码头或车站恭候外宾，必要时可在贵宾室与外宾稍叙友谊，或举行专门的欢送仪式。在外宾临上飞机、轮船或火车之前，送行人员应按一定的顺序同外宾一一握手话别，祝愿客人旅途平安并欢迎再次光临。飞机起飞或轮船、火车开动之后，送行人员应向外宾挥手致意，直至飞机、轮船或火车在视野里消失，送行人员方可离去。不可以在外宾刚登上飞机、轮船或火车时，送行人员就立即离去。

SHANGWU
TANPAN
YU
QIANYUE
DE
LIYI

第六章

商务谈判与签约的礼仪

商务谈判与签约是商务人员需要经常参加的一项重要商务活动。按照常规，商务谈判一向被视为一种利益之争，然而商务谈判决不仅仅是讨价还价，其中更重要的还应该是沟通和交流。只有在融洽的气氛中互相尊重、互相理解，才能使商务谈判取得最好的效果，最终成功签约。而要达到互相尊重、互相理解，商务谈判中就不能只讲策略不讲礼仪。商务专家指出："礼仪是谈判双方最重要的沟通桥梁。"

一 商务谈判的礼仪

谈判是商务活动中的一个重要的部分。真正的谈判并非敌对,而是彼此努力达成协议,问题永远不是谁赢了,而是每个人都满意。因此,谈判的礼仪是双方都需秉持的。

谈判的不同类别

谈判按其涉及的社会关系分类,有民间谈判、政府谈判、国际谈判等;按内容分类,有政治谈判、军事谈判、经济谈判、文化谈判等;按方式分类,有正式谈判和非正式谈判。如果只按照谈判地点的不同来进行划分,则可分为以下四类。

◎ 主座谈判

所谓主座谈判,是指在东道主所在地举行的谈判。通常认为,这种谈判拥有较大主动性的往往是东道主一方。

◎ 客座谈判

所谓客座谈判，是指在谈判对象所在地举行的谈判。一般来说，这种谈判显然会让谈判对象抢占地理优势。

◎ 主客座谈判

所谓主客座谈判，是指在谈判双方的所在地轮流举行的谈判。这种谈判，对谈判双方都比较公正。

◎ 第三地谈判

所谓第三地谈判，是指谈判在谈判双方所在地之外的第三地点进行。这种谈判较主客座谈判更为公平，更少干扰。

显而易见，上述四类谈判于谈判双方的利弊往往不尽相同，因此各方均会主动争取有利于己方的选择。

选择谈判地点大有讲究

谈判地点的选择，往往会涉及到谈判环境的心理因素问题，有利的场所能增加自己的谈判地位和谈判力量。人们发现动物在自己的"领域"内，最有办法保卫自己。人，也是一种有领域感的动物，他与自己所拥有的场所、物品等有着密不可分的联系，离开了这些东西，他的感觉和力量就会有无所依附之感。美国心理学家泰勒尔和他的助手兰尼做过一次有趣的实验，证明许多人在自己客厅里谈话，比在别人客厅里更能说服对方。因为人们有一种心理状况：在自己所属的领域内交谈，无需分心于熟悉环境或适应环境；而在自己不熟悉的环境中交谈，往往容易变得无所适从，导致出现正常情况下不该出现的错误。

对一些决定性的谈判，若能在自己的地点内进行，可以说是最为理想。但若争取不到这个地点，则至少应选择一个双方都不熟悉的中性场所，以减少由于"场地劣势"导致的失误，避免不必要的损失。最差的谈判地点，则是在对方的"自治区域"内。如果说，某项谈判将要进行多次，那谈判地点应该依次互换，以示公平。

在正式谈判中，具体谈判地点的确定很有讲究。不仅直接涉及礼仪的应用问题，而且还直接关系到谈判的最终结果。

在谈论、选择谈判的地点时，既不应该对谈判对手言听计从，也不应当固执己见。正确的做法是：应由双方各抒己见，最后再协商确定。

选择谈判时间应体现诚意

时间观念是"快节奏"的现代人非常重视的观念。对于谈判活动，时间的掌握和控制是很重要的。商务谈判必须准时到达，无故失约、拖延时间、姗姗来迟等，这些"时间观"产生的都是负效应，只有准时才能体现出交往的诚意。

谈判时间的选择适当与否，对谈判效果影响很大。一般来说，应注意以下几种情况。

其一，避免在身心处于低潮时进行谈判。例如夏天的午饭后人们需要休息的时候不宜进行谈判；如去异地谈判，经过长途跋涉后应避免立即开始谈判，要安排充分的休整之后再进行谈判。

其二，避免在一周休息日后第一天上班的早上进行谈判。因为这个时候人们在心理上可能仍未进入工作状态。

其三，避免在连续紧张工作后进行谈判，这时人们的思绪比较紊乱。

其四，避免在身体不适时进行谈判。身体不适，很难使自己专心致力于谈判之中。

其五，如果你是卖方谈判者，则应主动避开买方地盘；如果是买方谈判者，则要尽量避开卖方地盘，因为这两种情况都难以进行平等互利的谈判。不要在你最急需某种商品或亟待出售产品时进行谈判，要有一个适当的提前量，选择对自己最有利的时机。如夏天买棉衣、冬天买风扇、落市时去买菜、淡季去旅游，等等。

下午四点至六点是人的疲劳在心理、肉体上都处于顶峰的时候，这时容易焦躁不安，思考能力减退，工作最没有效率，因此商务人员在这个时候进行谈判一般是不适宜的。

做好谈判场所环境的布置

谈判环境的布置也很重要。选择谈判环境，一般看自己是否感到有压力，如果有，说明环境是不利的。不利的谈判场合包括嘈杂的声音，极不舒适的座位，谈判房间的温度过高或过低，不时地有外人搅扰，环境陌生而引起的心力交瘁感，以及没有与同事私下交谈的机会等等。这些环境因素会影响谈判者的注意力，从而导致谈判的失误。

从礼仪角度讲，为合作或谈判者安排布置好谈判的环境，使之有利于双方谈判的顺利进行，一般来说，应考虑到以下几个因素。

◎ 光线

可利用自然光源，也可使用人造光源。利用自然光源即阳光，应备有窗纱,以防强光刺目;使用人造光源时,要合理配置灯具,使光线尽量柔和一些。

◎ 声响

室内应保持宁静,使谈判能顺利进行。房间不应临街,不应在施工场地附近,门窗应能隔音,周围没有电话铃声、脚步声等噪音干扰。

◎ 温度

室内最好能使用空调机和加湿器,以使空气的温度与湿度保持在适宜的水平。温度在二十度,相对湿度在百分之四十至百分之六十之间是最合适的。一般情况下,也至少要保证空气的清新和流通。

◎ 色彩

室内的家具、门窗、墙壁的色彩要力求和谐一致,陈设安排应实用美观,留有较大的空间,以利于谈判双方的活动。

◎ 装饰

用于谈判活动的场所应洁净、典雅、庄重、大方。宽大整洁的桌子、简单舒适的坐椅(沙发),墙上可挂几幅风格协调的书画,室内也可装饰有适当的工艺品、花卉、标志物,但不宜过多过杂,以求简洁实用。

安排谈判座位应平等有礼

在谈判中要想获得对方的合作或取得某种效果，座位的安排大有学问。谈判双方应该是面对面坐着还是采取某种随意的座次安排，反映着不同的意义。

在商务谈判中，双方的主谈者应该居中坐在平等而相对的位子上，谈判桌应该是长而宽绰、明净而考究的，其他谈判人员一般分列两侧而坐。这种座位的安排通常意味着正式、礼貌、尊重、平等。

如果是多边谈判，则各方的主谈者应该围坐于圆桌相应的位子，圆桌通常较大，也可分段而置，翻译人员及其他谈判工作人员一般围绕各自的主谈者分列两侧而坐，也可坐于主谈者的身后。

无论是双边谈判还是多边谈判，桌子和椅子的大小应当与环境和谈判级别相适应。会议厅越大，或谈判级别越高，桌子和椅子通常也相应较大、较宽绰。反之，就会对谈判者心理带来压抑感或不适感。

与长方形谈判桌不同，圆形谈判桌通常给人以轻松自在感。所以在一些轻松友好的会见场所，一般采用圆桌。

如果在谈判中想通过座位的安排暗示权力的高下，较好的办法是在座位上摆名牌，指明某人应当就座于某处，这样就可对每个人形成某种影响力。按照双方各自团体中地位高低的顺序来排座次也是比较符合谈判礼仪规范的。

在会场布置中，不论是方桌还是圆桌，都应注意座位的朝向。一般习惯认为面对门口的座位最具影响力，西方人往往习惯认为这个座位具有权力感，中国人习惯称此座位为"上座"；而背朝门口的座位最不具影响力，西方人一般认为这个座位具有从属感，中国人习惯称此座位为"下座"。

谈判座次通常是宾主相对，各坐一边，以正门为准，主方背门而坐，客方则面对正门。如果谈判桌一端向着正门，则以入门的方向为准，右方为客方，左方为主方。首席谈判人员按职位高低和礼宾次序分别坐在主谈人的左右两侧。

在谈判现场，首席谈判应坐在首席位置，与对方首席谈判紧紧相邻，其他有关谈判人员依次而坐。为了明确双方的身份，可以在每个座位前的桌面上摆放姓名标志牌。

注意谈判中的言行举止

举行正式谈判时，谈判者尤其是主谈者的临场表现，往往直接影响到谈判的现场气氛。一般认为，谈判者的临场表现中，最为关键的是讲究打扮、注意举止、重视细节、保持风度、礼待对手等五个问题。

◎ 讲究打扮

谈判人员的身份、职务要与对方谈判代表的身份、职务相当。

① 修饰仪表。参加谈判前，应认真修饰个人仪表，尤其是要选择端庄、雅致的发型，一般不宜染彩色发。男士应剃净胡须，女士应化淡妆。此外，谈判者的指甲、体味等方面也都不得马虎或忽视。

② 规范着装。在参加正式谈判时，一般而言，男士穿西服必须打领带；女士应选择深色套装、套裙、白色衬衫，并配以黑色皮鞋。一定要给人一种淡雅、整洁、大方、稳重的感觉。

◎ 注意举止

在谈判场合中，要求谈判人员举止适度。就是指坐、站、行等的姿态既充满自信，又不孤傲自大；既热情友好，又不曲意逢迎；既不要对有利于自己的事物和时机喜形于色、乐不可支，也不要对不利于自己的事物和时机垂头丧气、一筹莫展；动作举止既落落大方，又不粗野放肆。

二 商务签约的礼仪

订立合同、协议的双方,在合同、协议正式签署时都要举行一次比较正式的仪式。举行签字仪式,不仅是对谈判成果的一种公开化、固定化,而且也是有关各方对自己履行合同、协议所作出的一种正式的承诺。

签约在商务活动中,被视为一项标志着有关各方的相互关系取得了更大的进展,以及为消除彼此之间的误会而达成了一致性见解的重大成果。因此,签约礼仪极受商务人员的重视。

参加商务洽谈的人员,对签约这一称得上有关各方关系发展史上"里程碑"式的重大事件,应当严格地依照规范来讲究礼仪、应用礼仪。

严格规范待签的合同文本

依照商界的习惯,在正式签署合同之前,应由举行签字仪式的主方负责准备待签合同的正式文本。在决定正式签署合同时,就应当拟定合同的最终文本。负责为签字仪式提供待签的合同文本的主方,应会同有关各方一道指定专人,共同负责合同的定稿、校对、印刷与装订。按常规，应为在合同上正式签字的有关各方，均提供一份待签的合同文本，必要时，还可再向各方提供一份副本。签署涉外商务合同时，比照国际惯例，待签的合同文本应同时使用有关各方法定的官方语言，或是使用国际上通行的英文。此外，亦可同时并用有关各方法定的官方语言与英文。使用外文撰写时，应反复推敲，字斟句酌，不要望文生义或不解其意而乱用词汇。

从格式上讲，合同的写作是有严格的规定的。它的首要要求是目的要明确、内容要具体、用词要标准、数据要精确、项目要完整、书面要整洁。违反了上述各项要求中的任何一点，都有可能给自己带来损失。

◎ **准备相关的资料**

洽谈结束后，双方应指定专人按谈判达成的协议做好待签文本的定稿、翻译、校对、印刷、装订、盖印等工作。文本一旦签字就具有法律效益，因此对待文本的准备应该慎重。因此，除了要核对谈判协议条件与文本的一致性以外，还要核对各种批件、许可证、设备分交文件、用汇证明、订货卡等是否完备，以及合同内容与批件内容是否相符，等等。审核文本必须对照原稿件，做到一字不漏，对审核中发现的问题，要及时互相通报，通过再谈判，达到一致谅解，并相应调整签约时间，在协议或合同上签字有几个单位，就要为签字仪式提供几份文本，如有必要，还应为各方提供一份副本。与外商签署有关的协议、合同时，按照国际惯例，待签文本应同时使用宾主双方的母语。待签文本通常应该装订成册，并以真皮、仿皮或其他高档质料作为封面，以示郑重。其规格一般是大八开，所使用的纸张务必要高档,印刷要精美。作为主方应为文本的准备提供准确、周到、快速的服务。

◎ **文本准备的注意事项**

首先,草拟合同必须遵守法律。在商务交往中,所有正式的合同都具有法律约束力,它一旦订立,任何一方都不可擅自变更或解除。因此,商务人员必须熟悉国家的有关法律与法规,以便充分地运用法律来维护自身的正当权益。其次,草拟合同必须符合惯例。在草拟合同中,必须优先遵守法律、法规,尤其须优先遵守东道国的法律、法规。遇到有关法律、法规尚未规定的事宜,则可采用公认的国际惯例。再次,草拟合同必须合乎常识。在草拟合同时,商界人士有必要使合同中的所有条款合乎常识,坚持不要犯常识性错误。商界人士在草拟合同时应当具备的常识,是指与其业务有关的专业技术方面的基本知识,它们包括商品知识、金融知识、运输知识、保险知识和商业知识,等等。在商务交往中,没有知识就等于是没有实力,对此大家是都明白的。最后,草拟合同时必须顾及对手。正式合同的一大特征,是有关各方面必须协商一致、共同认可才能生效。反之,合同没有达成一致就草率签署,结果往往是后患无穷,纠纷不断,对双方都没有好处。通常,合同的成立生效,需要履行一定的手续。依照我国的有关法律规定:当事人就合同条款的书面形式达成协议,并且签字,即为合同成立。假如通过信件、电报、传真、电传达成了协议,一方当事人要求签订确认书的,则签订确认书时,方为合同成立。这种规定,说明我国只承认书面合同的规定,另外也说明唯有经过有关当事人正式签字,合同才正式成立并生效。

做好签字前的各项准备

在商务交往中,人们在签署合同之前,通常会竭力做好以下几个步骤的准备工作。

◎ 签字厅的布置

签字厅有常设专用的,也有临时以会议厅、会客室来代替的。布置它的总原则,是要庄重、整洁、清静。

一间标准的签字厅,应当室内铺满地毯,除了必要的签字用桌椅外,其他一切的陈设都不需要。正规的签字桌应为长桌,其上最好铺设深绿色的台布。

按照仪式礼仪的规范,签字桌应当横放于室内。在其后,可摆放适量的坐椅。签署双边性合同时,可放置两张坐椅,供签字人就座。签署多边性合同时,可以仅放一张坐椅,供各方签字人签字时轮流就座;也可以为每位签字人都提供一张坐椅。签字人在就座时,一般应当面对正门。

在签字桌上,循例应事先安放好待签的合同文本以及签字笔、吸墨器等签字时所用的文具。

与外商签署涉外商务合同时还需在签字桌上插放有关各方的国旗。插放国旗时,在其位置与顺序上,必须按照礼宾序列而行。例如,签署双边性涉外商务合同时,有关各方的国旗须插放在该方签字人坐椅的正前方。

◎ 安排签字人员

在举行签字仪式之前，有关各方应预先确定好参加签字的人员，并向有关各方通报。客方尤其要将自己一方的出席人数提前通知给主方，以便主方安排。签字者的人选要视文件的性质来定，可由最高负责人签，也可由部门负责人签，但双方签字人的身份应该对等。参加签字的有关各方事先还要安排一名熟悉签字仪式详细程序的助签人员，并商定好签字的有关细节。其他出席陪同人员基本上是参加谈判的全体人员，按一般礼貌做法，各方人数最好大体相等，为了表示尊敬，各方也可对等邀请更高一层的领导人出席签字仪式。

按照规定，签字人、助签人以及随员，在出席签字仪式时，应当穿着具有礼服性质的深色西装套装或西装套裙，并且配以白色衬衫与深色皮鞋。男士还必须系上单色领带，以示正规。

在签字仪式上露面的礼仪人员、接待人员，可以穿自己的工作制服，或是旗袍一类的礼仪性服装。

◎ 预备好待签的合同

文本举行签字仪式，是一桩严肃而庄重的大事，因此不能将"了犹未了"的"半成品"交付使用；或是临近签字时，有关各方还在为某些细节而纠缠不休。

依照商界的习惯，在正式签署合同之前，应由举行签字仪式的主方负责准备待签合同的正式文本。

在决定正式签署合同时，应当拟定合同的最终文本。它应当是正式的，不再进行任何更改的标准文本。

负责为签字仪式提供待签的合同文本的主方,应会同有关各方一道指定专人,共同负责合同的定稿、校对、印刷与装订。按常规,应为在合同上正式签字的有关各方,均提供一份待签的合同文本。必要时,还可再向各方提供一份副本。

按礼仪要求排列签字座次

签约是一项非常严肃的活动,需要慎重对待,每一个步骤都要尽可能地做到认真和妥当。其中最为引人注目的,当属举行签字仪式时座次的排列方式问题。

一般而言,举行签字仪式时,座次排列的具体方式共有三种基本形式。

◎ 并列式

并列式排座,是举行双边签字仪式时最常见的形式。它的基本做法是:签字桌在室内面门横放,双方出席仪式的全体人员在签字桌之后并排排列,双方签字人员居中面门而坐,客方居右,主方居左。

◎ 相对式

相对式签字仪式的排座，与并列式签字仪式的排座基本相同。二者之间的主要差别，只是相对式排座将双方参加签字仪式的随员席移至签字人的对面。

◎ 主席式

主席式排座，主要适用于多边签字仪式。其操作特点是：签字桌仍须在室内横放，签字席仍须设在桌后面对正门，但只设一个，并且不固定其就座者。

举行仪式时，所有各方人员，包括签字人在内，皆应背对正门、面向签字席就座。签字时，各方签字人应以规定的先后顺序依次走上签字席就座签字，然后即应退回原处就座。

签字仪式应庄重而热烈

短暂而庄重、热烈的签字仪式是签署合同的高潮，所以，参加签字的人员都应注意自己的仪表、仪态，穿着打扮要整洁、得体，举止要大方自然，不能严肃有余，也不要喜形于色。签字仪式的正式程序一共分为四项，如下所述。

◎ 签字仪式正式开始

有关各方人员准时步入签字厅,按照主左客右的位置入座。各方陪同人员分主客两方排列站立于各自签字者之后,或坐在己方签字者的对面。双方助签人员分别站在签字者的外侧,协助翻揭文本,指明签字处,并为已签好字的文件吸墨防洇。

◎ 签字人正式签署合同文本

通常的做法,是首先签署己方保存的合同文本,再接着签署他方保存的合同文本。签字时实行"轮换制",即每个签字人在由己方保留的合同文本上签字时,按惯例应当名列首位,然后再交由他方签字人签字。这样做的意义是在位次排列上,轮流使有关各方均有机会居于首位一次,以显示机会均等,各方平等。

◎ 签字人正式交换已经有关各方正式签署的合同文本

此时,各方签字人应起立并热烈握手,互致祝贺,并相互交换各自一方刚才使用过的签字笔,以资纪念。全场人员应鼓掌,表示祝贺。

◎ 共饮香槟酒互相道贺

交换已签的合同文本后,有关人员,尤其是签字人当场喝上一杯由服务小姐递上来的香槟酒,这是国际上通行的用以增添喜庆色彩的做法。接着请双方最高领导人及客方先退场,然后东道主再退场。整个仪式以半个小时为宜。

在一般情况下,商务合同在正式签署后,应提交有关方面进行公证,此后才正式生效。

CHAPTER

JUBAN
SHANGWU
HUIYI
DE
LIYI

第七章

举办
商务会议的礼仪

会议是实现决策民主化、科学化的必要手段；是实施有效领导、有效管理、有效经营的重要工具；是贯彻决策、下达任务、沟通信息、直接指挥行动的有效方法；是保持接触、建立联络、结交朋友的基本途径。

商务人员在日常工作中必不可少的一件事情，就是组织会议或者参加会议。讲究各自不同会议的礼仪规范，是确保各类会议取得成功的关键所在。

一 商品展销会的礼仪

展销活动是商务活动中常见的形式，它不同于一般的销售活动。举办商品展销会的单位，一种是厂家，一种是商家，还有行业协会或其他机构组织的，当然也有联合展销的。展销的商品，一般都是分门别类的。展销的日期可长可短。

商品展销会一般是面对大众的，无需邀请。但有针对性地请一些贵宾，也是许多展销会常见的做法。在展销会开始前，要向有关人员发出邀请；展销时，也可以安排专场请贵宾参观，洽谈购销业务。

展销会的组织与参展要充分做细

展销会是组织者和参展者对外宣传自我、提高知名度和形象的重要方式。因此，其组织工作和礼仪要求一定要做充分、做细。

◎ 展销会的组织

展销会的组织者需要重点进行的具体工作，主要包括参展单位的确定、展销内容的宣传、展示位置的分配、安全保卫的事项、辅助服务的项目，等等。

① 参展单位的确定。一旦决定举办展销会，由什么单位来参加的问题，通常都是非常重要的。按照商务礼仪的要求，主办单位事先应以适当的方式，对拟参展的单位发出正式的邀请或召集。

对于报名参展的单位，主办单位应根据展销会的主题与具体条件进行必要的审核。

当参展单位的正式名单确定之后，主办单位应及时地以专函进行通知，令被批准的参展单位尽早有所准备。

② 展销内容的宣传。为了引起社会各界对展销会的重视，并且尽量地扩大其影响，主办单位有必要对其进行大力宣传。

对展销会，尤其是对展销内容所进行的宣传，主要可以采用下述几种方式：举办新闻发布会；邀请新闻界人士到场进行参观采访；发表有关展销会的新闻稿；公开刊发广告；张贴有关展销会的宣传画；在展销会现场散发宣传性材料和纪念品；在举办地悬挂彩旗、彩带或横幅；利用升空的彩色气球和飞艇进行宣传。

为了搞好宣传工作，在举办大型展销会时，主办单位应专门成立对外进行宣传的组织机构，其正式名称，可以叫新闻组，也可以叫宣传办公室。

③ 展示位置的分配。在布置展销现场时，基本的要求是：展示陈列的各种展品要围绕既定的主题，进行互为衬托的合理组合与搭配，要在整体上显得井然有序、浑然一体。

④ 安全保卫的事项。在举办展销会前，必须依法履行常规的报批手续。此外，组织者还须主动将展销会的举办详情向当地公安部门进行通报，求得其理解、支持与配合。按照常规，有关安全保卫

的事项，必要时最好由有关各方正式签订合约或协议，并且经过公证。这样一来，万一出了事情，也好各负其责。

⑤ 辅助的服务项目。主办单位作为展销会的组织者，有义务为参展单位提供一切必要的辅助性服务项目。由展销会的组织者为参展单位提供的各项辅助性服务项目，最好有言在先，并且对有关费用的支付进行详尽的说明。

展销会主办方的辅助性服务

为参展单位所提供的辅助性服务项目，通常主要包括下述各项。

- 展品的运输与安装。

- 车、船、机票的订购。

- 与海关、商检、防疫部门的协调。

- 跨国参展时有关证件、证明的办理。

- 电话、传真、电脑、复印机等现代化的通信联络设备。

- 举行洽谈会、发布会等商务会议或休息时所使用的适当场所。

- 餐饮以及有关展销时使用的零配件的提供。

- 供参展单位选用的礼仪、讲解、推销人员等。

◎ 展销会的参加

参展单位在正式参加展销会时，必须要求自己的全部派出人员齐心协力、同心同德，在整体形象、待人礼貌、解说技巧三个主要方面，要特别重视。

① 要努力维护整体形象。在参与展销时，参展单位的整体形象，主要由展示物的形象与工作人员的形象两个部分所构成。对于二者要给予同等的重视。

展示物的形象，主要由展品的外观、展品的质量、展品的陈列、展位的布置、发放的资料等构成。用以进行展销的展品，外观上要力求完美无缺，质量上要优中选优，陈列上要既整齐美观又讲究主次，布置上要兼顾主题的突出与观众的注意力。而用以在展销会上向观众直接散发的有关资料，则要印刷精美、图文并茂、资讯丰富，并且注有参展单位的主要联络方法。

工作人员的形象，则主要是指在展销会上直接代表参展单位露面的人员的穿着打扮问题。在一般情况下，要求在展销会上工作的人员应当统一着装。最佳的选择，是身穿本单位的制服，或者是穿深色的西装、套裙。在大型的展销会上，参展单位若安排专人迎送宾客时，则最好请其身穿色彩鲜艳的单色旗袍，并肩披写有参展单位或其主打展品名称的大红色绶带。为了说明各自的身份，全体工作人员皆应在左胸佩戴标明本人单位、职务、姓名的胸卡。

② 时时注意待人礼貌。在展销会上，不管它是宣传型展销会还是销售型展销会，全体工作人员都要将礼貌待人放在心上，并且落实在行动上。

展销会一旦正式开始，全体参展单位的工作人员即应各就各位，站立迎宾。不允许迟到、早退，无故脱岗、东游西逛，更不允许在观众到来之时坐、卧不起，怠慢对方。

③ 善于运用解说技巧。解说技巧，主要是指参展单位的工作人员在向观众介绍或说明展品时，所应当掌握的基本方法和技能。

在宣传型展销会与销售型展销会上，解说技巧的共性在于：要因人而异，使解说具有针对性。与此同时，要突出自己展品的特色。在实事求是的前提下，要注意对其扬长避短，强调"人无我有"之处。在必要时，还可邀请观众亲自动手操作，或由工作人员为其进行现场示范。此外，还可安排观众观看与展品相关的影视片，并向其提供说明材料与单位名片。通常，说明材料与单位名片应常备于展台之上，由观众自取。

注重产品介绍的礼仪

通过产品介绍，一方面可以向市场传播产品的信息，另一方面可以影响社会对于某一企业或某一产品的看法，并影响着大众的消费行为。怎样使产品为大众所乐意接受呢？注意产品介绍时的礼仪是一个不可忽视的方面。产品介绍可分为静态产品介绍和动态产品介绍两个方面。

◎ 静态产品介绍的礼仪

静态产品介绍,其主要方式是广告。在当今的商品经济社会,广告已成为人们生活的一部分,与人们生活息息相关。我们在对产品进行静态介绍时,应注意如下几点。

① 杜绝不实之词。广告不能采用欺骗的方法,不能使用含混不清的字眼。

② 不搞"恐惧推销"。有些企业,利用广告来造成消费者心理上的恐惧或紧张,促使消费者急于购买广告中所推销的产品。这样会使消费者产生逆反心理。效果只会适得其反。

③ 不能传播错误的知识。广告内容有错误时,会产生不良的后果。因此,我们在制作广告时,必须小心谨慎,尤其是制作医药广告,一定要有科学检验根据。

◎ 动态产品介绍的礼仪

产品的动态介绍,其重要表现是推销活动。尽管推销活动的方式方法多种多样,但它的目的只有一个,就是打动顾客,说服顾客。为此,应注意把握如下几个方面。

① 充分了解产品。介绍产品之前,先弄懂产品性能、质量标准、与同类产品比较有何优缺点等。这样,在介绍过程中,才能有的放矢,有较强的说服力。

② 把握住与顾客的关系。在接待顾客时,除让顾客有宾至如归的感觉外,还应让他们获得安全感与满足感。此外,还要进一步了解和掌握顾客的个性特点和他们的兴趣爱好等。以便选择一个与顾

客个性、兴趣、爱好相交的区域进行交谈,使我们与顾客之间搭成一座彼此沟通的桥梁,使顾客对推销人员产生信心。如果顾客对推销员产生信心,那么,他就会对推销员所介绍的产品也同样产生信心。

③ 要站在顾客的角度讲话。产品介绍者在介绍产品时,态度要诚实质朴,处处为顾客着想。要站在顾客立场上,帮助顾客分析、比较、鉴别产品,使顾客与介绍者之间建立起互相信赖的关系。只有这样,才能消除顾客对产品的疑虑。

介绍产品时,一定要正视对方的眼睛,但不可态度轻浮或粗暴。如果不能正视对方的眼睛,就是一种缺乏自信的表现,客户很难对他产生信任感。

二 商务洽谈会的礼仪

商务洽谈会，是买卖双方为实现某种商品或劳务的交易而进行的一种协商活动，即在商务交往中，存在着某种关系的有关各方，为了进行合作、达成交易或为了处理争端、消除分歧，而坐在一起所进行的面对面的讨论与协商。洽谈与谈判虽无本质区别，但从字面上讲，谈判注重表达对分歧的评断，强调结果性，而洽谈会虽然也包含结果性，但更注重温和性和灵活性。洽谈与谈判相比，显得柔和、亲切，因而也就更需要重视礼仪了。洽谈会上的双方都应遵守相互尊重、友好协商、积极合作、平等互惠的商务礼仪原则。

全力做好技术性准备

为商务洽谈而进行的技术性准备，是要求洽谈者们事先充分地掌握有关各方的状况，了解洽谈的"谋篇布局"，并就此构思、酝酿正确的洽谈手法与洽谈策略。

◎ **技术性准备的原则**

商务人员在准备商务洽谈时,应当谨记如下四项基本原则。

① 客观原则。所谓客观的原则,意即在准备洽谈时,有关的商务人员所占有的资料要客观,决策时的态度也要客观。

占有的资料要客观,是要求谈判人员尽可能地取得真实而准确的资料,不要以道听途说或是对方有意散布的虚假情报,来作为自己决策时的依据。决策时的态度要客观,是要求谈判人员在决策时,态度要清醒而冷静,不要为感情所左右,或是意气用事。

② 预审原则。所谓预审的原则,涵义有二:一是指准备洽谈的商务人员,应当对自己的谈判方案预先反复审核、精益求精;二是指准备洽谈的商务人员,应当将自己提出的谈判方案,预先报请上级主管部门或主管人士审查、批准。

③ 自主原则。所谓自主的原则,是指商务人员在准备洽谈时,以及在洽谈进行之中,要发挥自己的主观能动性。要相信自己、依靠自己、鼓励自己、鞭策自己,在合乎规范与惯例的前提下,力争"以我为中心"。

④ 兼顾原则。所谓兼顾的原则,是要求商务人员在准备洽谈时,以及在洽谈过程中,在不损害自身根本利益的前提下,应当尽可能地替洽谈对手着想,主动为对方保留一定的利益。

◎ **技术性准备的主要内容**

在技术上为洽谈进行准备的时候,洽谈者应当争取做好以下三个方面的工作。

① **知己知彼**。在洽谈之前，如能对对手有所了解，并就此有所准备，则在洽谈之中，洽谈者就能够扬长避短、避实就虚，"以我之长，击敌之短"，取得更好的成绩。

② **熟悉程序**。洽谈的过程是指探询、准备、有效协商、小结、再磋商、终结以及洽谈的重建七个具体的步骤。在其中的每一个洽谈的具体步骤上，都有自己特殊的"起、承、转、合"，都有一系列的台前与幕后的准备工作要做，并且需要当事人具体问题具体分析，"随机应变"。

因此商务人员在准备洽谈时，一定要多下苦功，多作案头的准备工作，尤其是要精心细致地研究洽谈的常规程序及其灵活的变化，以便在洽谈中，能够胸有成竹、处变不惊。

③ **掌握策略**。商务人员在进行洽谈时，总的指导思想是平等、互利，但是这并不排斥努力捍卫或争取己方的利益。事实上，任何一方在洽谈中的成功，不仅要凭借实力，更要依靠对洽谈策略的灵活运用。

在商务洽谈中，对于诸如以弱为强、制造竞争、火上浇油、出奇制胜、利用时限、声东击西等策略，任何行家里手都不会不清楚，但是至为关键的"活学活用"，却并非每个人都能做到。而这一点，却正是商务人员自己必须做到的。

摸清洽谈对象的"底细"

商务人员对洽谈对手的了解，应集中在如下方面。

- 在洽谈对手中，谁是真正的决策者或负责人。

- 洽谈对手的个人资讯、谈判风格和谈判经历。
- 洽谈对手在政治、经济以及人际关系方面的背景情况。
- 洽谈对手的谈判方案。
- 洽谈对手的主要商务伙伴、对头以及他们彼此之间相互关系的演化等。

遵循有礼、互惠的原则

因为在商务洽谈中,唯有互相尊重,才能达到相互理解,共同达成洽谈协议的目的。因此,专家认为,即使谈判中矛盾重重,甚至形成剑拔弩张的气氛,谈判人员也要遵礼而行,给人一种处乱不惊、胸有成竹的大将风度。下面就是谈判人员在谈判中应遵循的方针。

◎ 礼敬对手

礼敬对手就是要求洽谈者在洽谈会的整个进程中,要排除一切干扰,始终如一地对自己的洽谈对手讲究礼貌,时时、处处、事事表现得对对方不失真诚的敬意。

在洽谈会中,面带微笑、态度友好、语言文明礼貌、举止彬彬有礼的人，有助于消除对手的反感、漠视和抵触心理。在洽谈桌上，保持"绅士风度"或"淑女风范"，有助于赢得对手的尊重与好感。

◎ **互利互惠**

在任何一次正常的商务洽谈中，都没有绝对的胜利者和绝对的失败者。在洽谈会上，妥协是通过有关各方的相互让步来实现的。所谓相互让步，即有关各方均有所退让。但是这种相互让步，并不等于有关各方的对等让步。在洽谈会上所达成的妥协，对当事的有关各方要公平、合理、自愿，只要尽最大限度维护或争取了各自的利益，就是可以接受的。

最理想的洽谈结局，是有关各方达成了大家都能够接受的妥协，做到互利互惠，实现双赢。

商务人员在参加洽谈会时，必须争取的结局应当是既利己，又利人的。现代的商界社会，最讲究的是伙伴、对手之间同舟共济，既要讲竞争，更要讲合作。

商务洽谈从正式开局到达成协议，要经过一个错综复杂、千变万化的过程。一场完整的商务洽谈一般要经过摸底、报价、磋商、成交和签约五个阶段。商务人员在洽谈中决不能只顾利益而不顾礼节，在洽谈过程的各个阶段都注重礼仪，会更有利于洽谈目标的实现和协议的达成。

努力创造和谐的洽谈气氛

任何洽谈或谈判都是在一定气氛下进行的。洽谈气氛和谐与否，直接影响着整个洽谈的进程和结局。为了创造一种轻松、诚挚、友好、合作的气氛，洽谈人员应注意如下几点。

◎ 制造良好的开局气氛

良好的气氛往往是在洽谈开始就形成的，因此，双方人员应以友好的态度出现在对方面前，特别是作为东道主的一方应先行到达谈判室，并在门口迎候客人。

① 双方人员见面，先要互相介绍。介绍与自我介绍要大方得体，遵守礼仪规则，介绍完毕要互相握手致礼。若有名片，应主动递上并微微点头，以显示彬彬有礼的风度，也为以后的联系合作提供方便。如进行自我介绍，应口齿清晰，适当提高嗓音，目光要注视对方，以示对对方的尊重，切忌边自我介绍边东张西望，使人感到态度冷淡，有失礼貌。如果对方是外商，则要依各国文化、礼俗的不同决定介绍、握手的方式。

② 注意谈吐举止。洽谈人员的谈吐要轻松自如，举止要文雅大方、谦虚有礼、分寸得当，不可拘谨慌张。见面后可略事寒暄，进入正题之前，宜谈些轻松的非业务性的中性话题，如旅途经历、季节气候、文体表演、各自爱好或以往合作经历等，但开头的寒暄不

宜过长，以免冲淡洽谈氛围。

③ **注重自己的仪表**。仪表是洽谈人员的广告，应适当注意服装整洁挺括、端庄高雅，神情饱满，给人以良好的第一印象。

◎ 自然进入洽谈正题

进入洽谈正题是双方所期待的。最适宜的方式是以轻松、自然的语气先谈谈双方容易达成一致意见的话题。如"咱们先把今天洽谈的程序确定下来，您看如何？"这种问话既能体现尊重对方、愿以平等的态度来商讨问题的诚意，同时也最容易得到对方肯定性的答复，有助于创造一种一致的氛围。在这种心平气和、协商一致的氛围下，然后分别陈述己方对有关问题的看法和基本原则。但这种陈述应简明扼要、重点突出、准确而有弹性，让对方感受到你的坦率和真诚。这种陈述措辞要得体，语调、语速要适中，既表明自己的意图和要求，又不引起对方的反感和不安。

> 对方陈述时，商务人员要认真倾听，这种倾听，是"耳到、眼到、心到、脑到"综合效应地听，并注意记录和分析，不能漫不经心，左顾右盼。须知，认真倾听不仅是对对方的尊重，而且可以从对方那些似乎无意的话语中发现对方隐蔽的动机和心理活动。

坦诚相见，平等地商讨

在商务洽谈过程中，特别是进入报价阶段以后，出现分歧是不可避免的。重要的是不要回避矛盾，而应以积极的态度进行商讨甚至辩论，在友好和谐的气氛下谋求一致，并争取在谋得己方最大利益的前提下给对方以适当满足的"皆大欢喜"的结局。商务关系越密切，双方间的商讨也会变得越重要。如何进行平等地商讨呢？无论是对外商还是国内的伙伴，在礼仪上应注意以下几点。

◎ 坦诚相见

坦诚相见能获得对方的理解和信赖。在商务洽谈中，由于双方人员各自代表的利益不同，肩负的使命不同，彼此难免会有些提防心理，这是可以理解的。如果一方人员言辞坦率，态度真诚，毫不掩饰地表明自己对某个问题的看法、希望和担心，将对方想知道的情况坦诚相告，这样就容易打破对方的戒备心理，获得对方的共鸣和信赖，形成彼此信任、平等商讨的局面。在商务交往中，人们往往对坦率诚恳的人有好感。开诚布公、直言袒露的豁达风度，也正是谈判人员礼仪修养的重要方面。

在商务谈判桌上，坦诚相见是有限度的，并不是将一切和盘托出，而应以既赢得对方信赖又不使自己陷于被动、丧失利益为度。

◎ 心平气和

在商务洽谈中，双方都应保持清醒的头脑，心平气和地探讨解决分歧的途径。洽谈是双方为谋求共同利益而进行的协商活动，其中必然存在着许多不同的利益和要求，双方应本着求同存异的原则，力求在和谐友好的气氛中，互谅互让、心平气和地解决面临的问题。因此，在商讨中要做到以下几点。

① 找出矛盾，对症下药。对商务洽谈上的是非，要敢于直言，阐明自己的观点，以加深双方的理解。

② 对事不对人。不可随意把对对方某人的成见渗透于商讨之中，影响商讨的实际效果。

③ 有的放矢。商讨始终应围绕某一目标进行。在商讨中尽可能解决某些实质性的问题。

④ 态度诚恳，面对现实。唯有态度诚恳才能打动人，才能使人以同样的诚恳对待你，而面对现实就是实事求是在商务洽谈中，不要作脱离实际的幻想，因为大家都是明白人，谁也不会白送好处给你。

◎ 正确而灵活地使用语言

商务洽谈是洽谈者运用语言表达意见、交流观点的过程，语言的运用往往决定洽谈的成败。洽谈人员在运用语言的过程中除要注意语言的客观性、逻辑性、针对性以外，尤其要注意用语的规范性和灵活性。

商务洽谈语言宜忌

商务人员在与人洽谈时，应注意以下语言宜忌。

·洽谈用语必须坚持文明礼貌原则，符合商界的特点和职业道德要求。无论洽谈中出现何种情况都不能使用粗鲁、污秽的语言或攻击性的语言。

·洽谈语词必须清晰易懂，口语尽可能标准化，不用地方方言或黑话、俗语等与人交谈。

·洽谈语言应注意抑扬顿挫、轻重缓急，避免吐舌挤眼、语中断句、嗓音微弱或大吼大叫等。谈判者应通过语调的变化显示自己的信心、决心、不满、疑虑和遗憾等思想感情。同时，也要善于通过对方不同的语调来洞察对方的感情变化。

·洽谈语言应当准确、严谨，特别是在磋商的关键时刻，更用严谨、精当的语言准确地表述自己的观点和意见。

·有时如确需使用某些专业术语，则应以简明易懂的惯用语加以解释。一切语言均要以达到双方沟通，保证洽谈顺利进行为前提。

洽谈过程中所使用的语言，应当丰富、灵活，富有弹性。对于不同的洽谈对手，应使用不同的语言。如果对方谈吐优雅，很有修养，己方语言也应十分讲究，做到出语不凡；如果对方语言朴实无华，那么己方用语也不必过多修饰；如果对方语言爽快、直露，那么己方语言也不必迂回曲折。总之，要根据对方的学识、气质、性格、修养和语言特点及时调整己方的洽谈用语。这是迅速缩短洽谈双方的距离，实现平等商讨的有效方法。

体现尊重，礼貌地提问

在商务洽谈中，提问技巧常常是谈判者用来弄清某些事实，把握对方思想脉络，表达自己意见或调整自己谈判策略的重要手段。恰到好处地提问不仅可以启发对方思维、、激发对方的兴奋点、控制交谈言路的方向，也可表达自己的感受，帮助自己获得新的信息和资料，在商务洽谈中起着重要作用。但提问必须问得适当而又有礼，体现对对方的尊重，才有利于商务洽谈的顺利进行。

◎ 提问方式要适当

在商务洽谈中提问的方式多种多样，有封闭式提问、开放式提问、婉转式提问、澄清式提问、探索式提问，引导式提问、协商式提问、强迫选择式提问等。但不管采取哪种提问方式都得符合礼仪要求。

① **问话的方式要委婉，语气要亲切平和**。问话的用词要斟酌，不能把提问、查问变成审问或责问。咄咄逼人的提问，容易给对方以居高临下的感觉，使之产生防范心理而不利于洽商。

② **提问的内容和角度要慎重选择**。既要有针对性又不要使对方

为难。不要尽问对方难以应答的问题。如提出的问题使对方面有难色或露出不悦的神情，就不必追问而要及时变换话题。

③ 做好提问的准备。对需要向对方提问或查问的问题，应事前列好提纲，而且越详细越好。如果不做准备，贸然提问，是不尊重对方的表现。在别人讲话时，插话必须借助于一些特定的套话来实现，如："对不起，我能打断您一会儿吗？"或"请停一下。"

◎ 提问的时机要适当

问题即使提得再好，但不合时机，也同样起不到应有的作用。有经验的谈判者认为，提问以选择如下时机为宜。

① 在对方发言完毕之后提问。当对方发言时，要认真倾听。即使您发现了问题，很想提问，也不要打断对方，可先把发现的和想到的问题记下来，待对方发言完毕后再提问。这样，不仅反映了自己的修养，而且能全面地、完整地了解对方的观点和意图，避免操之过急，曲解或误解了对方的意图。

② 在对方发言停顿、间歇时提问。在商务洽谈中，如果对方发言冗长，或不得要领，或纠缠细节，或离题太远，从而影响洽谈进程，你在对方停顿时借机提问："细节问题我们以后再谈，请谈谈您的主要观点好吗？""第一个问题我们听明白了，那第二个问题呢？"

③ 在自己发言前后提问。当轮到自己发言时，可在谈自己观点之前，对对方的发言进行自问自答。例如："您刚才的发言说明什么问题呢？我的理解是……对这个问题，我谈几点看法。"在充分表达了自己的观点之后，为了使洽谈沿着自己的思路发展，可以这样提问："我们的基本立场和观点就是这样，您对此有何看法呢？"

④ 在议程规定的辩论时间提问。聪明的洽谈者,在辩论前的几轮洽谈中,总是细心记录,深入思索,抓住谈判桌上的分歧进行提问;不问则已,一问就问到要害处。此外,还要注意问话的速度应快慢适中,选择对方心境好的时候,并给对方以足够的答复时间等。

◎ 坦诚回答,耐心倾听

一个洽谈者水平的高低,很大程度上取决于其答复问题的水平。被提问者答话时,要本着真诚合作的态度,针对提问者的真实心理,实事求是地回答对方提出的问题,不应闪烁其词,态度暧昧,"顾左右而言他"。如果对方对某个问题不甚了解,应以浅显而易懂的语言进行解释,切不可流露出不耐烦的神情。如有些问题涉及商业秘密和技术机密,则应委婉说明,避免出现令人尴尬或僵持的局面。

在商务洽谈中,当对方回答提问方的问题时,提问方人员应耐心倾听。不能因为对方的回答没有使己方满意,就随便插话或任意打断对方的话。在这种场合中,任意打断对方的话是很不礼貌的,这样往往会削弱对方洽商的兴趣。

理智地磋商，友好地辩论

在商务洽谈中，特别是进入讨价还价的磋商阶段，洽谈双方从各自代表的利益出发，对一系列问题进行磋商，或据理力争，或直言反驳，都希望洽谈朝着有利于自己的方面发展。但不管立场多么对立，意见分歧多大，都应在相互尊重、相互理解的基础上进行友好的辩论与磋商。磋商阶段是商务洽谈的关键阶段，也是最应注意洽谈礼仪的时候。商务洽谈中失礼的言行，大都发生在这个阶段。

◎ 理智地争辩

商务洽谈是"谈"出来的。一切洽谈都得经过双方谈判人员智慧的角逐、话语的较量方能达成妥协。洽谈的辩论阶段，双方人员为了各自的经济利益，唇枪舌剑，很容易感情冲动，稍不留神，就会由不同观点的交锋酿成谈判人员的个人冲突，生意可能因此而告吹。因此，在辩论中应坚持以"和"为贵，坚持"就事论事，对事不对人"的原则，防止感情用事。

谈判人员要把握好"利益"与"礼仪"的辩证关系，既要维护自身利益，又要不失礼仪。

◎ 举证有力

在辩论中，必须条理清楚、表达严密、言词简洁、以据论理、善用逻辑、突出主题、不缠枝节、话语随机。为此，在辩论前，谈判者应在思想上、资料上和语言表达上应做必要的准备。"九备一说"乃洽谈者的经验之谈。

商务辩论九忌

商务人员在辩论中要注意九忌。

- 忌鼓动性和煽动性。
- 忌无理纠缠。
- 忌抓辫子、戴帽子和打棍子。
- 忌挖苦讽刺。
- 忌已知的不说，新知的穷说，不知的瞎说。
- 忌手舞足蹈，动作不检点。
- 忌尖音喊叫。
- 忌不顾事实狡辩或诡辩。
- 忌鲁莽轻率。

◎ **举止得体**

应举止庄重，不伤大雅。如仪态端庄，彬彬有礼，宾主分明，则是有修养、有信心和有力量的表现；双腿合拢，双手前合，上体微前俯、头微低、目视对方，则表示谦虚有礼，并愿意听取对方的意见；向对方方向挪挪椅子，或走过去和对方凑近一些，对方会认为您很有诚意，想尽快成交，不再绕圈子等。

◎ 紧扣"死线"

洽谈结束的时间称之为"死线"，死线对洽谈的成败具有重要意义，因为让步往往在这个时刻发生。在交易达成阶段，谈判者往往会采用软磨硬拖的战术，使一些谈判对手拱手就范。紧扣"死线"的招术主要有两点：一是强忍等待。一位美国石油商曾这样叙述沙特阿拉伯一位石油大亨的谈判艺术："他最厉害的一招是心平气和地重复一个又一个问题，最后把您搞得精疲力竭，不得不把自己的祖奶奶拱手让出去。"当你通过调查，把握住对方急于达成协议的心理时，就可采用这种"疲劳战"，以迫使对方让步。二是假装糊涂。格言说："糊涂产生智慧。"在谈判之初，您应多听少说，"明白"也说"不明白"，"懂"也装"不懂"，一而再再而三地让对方层层让步，以满足己方的需要。对于谈判对手某些不合理要求的拒绝，通常宜曲不宜直，即以委婉的口气拒绝。如洽谈出现僵局，可先避开僵持的问题而言他；或插入几句幽默诙谐的话，使双方忘情一笑，以缓和气氛。如大型谈判，作为东道主，还可提议暂时休会或稍事休息，组织双方人员去游览观光或进行娱乐活动，在"闲暇"中商谈等。总之，在磋商和成交阶段，是最需要礼仪保驾护航的阶段，如在较量中伤了和气，伤害了对方的自尊，那么，失礼带来的损失将是难以弥补的。

重视场所的布置与安排

洽谈业务的工作，一般在办公室、小型会议室以及宾馆、饭店里进行。要使业务洽谈顺利，首先要在我们的公司或单位在客户的心目中有一个良好的形象，这就不能忽视洽谈现场的布置。假如在办公室里举行业务洽谈时，首先，要求我们将办公室打扫干净，把办公桌椅摆设整齐，将各类文件整理收拾好。接着，设置几张椅子，椅子要排成一列，并且要相互紧挨，以示主人与客人合作的诚心，以及对客人的欢迎与尊重。约定洽谈的时间快到时，主人应衣着整齐地伫立在办公室门口，等候客人的到来。当客人到来时，主人应主动与客人打招呼，并把客人迎进办公室，安排在指定位置坐下。等客人全部落座后，主人在主要客人左侧坐下。这时，工作人员应将客人放在身边不方便的东西放到指定的位置或地点，并献上茶水或饮料，然后，退身出房，并轻轻将门带上。

在洽谈即将开始时，发起方应关照工作人员作好电话记录。不要在会谈期间，让电话打进洽谈办公室，以免影响洽谈的氛围。

在洽谈结束后，主人应为客人打开房门，并将客人送到门口，与客人握手告别，直到客人看不见时，才能转身进入房间。工作人员应将客人送到大门口，目送客人直到看不见时再转身。

如果会谈在小型会议室举行，主人与客人双方各坐一边，主人与客人的主要位置必须相对应。译员坐在主人和主宾的右侧，记录员安排在各方的后面。整个会场的布置应以房间的中心线为轴，主宾方各占一半，桌椅安排应对称并且线条明畅。为了增强会议友好、慎重、平等的氛围，整个会场布置色彩应显示出庄重严肃的气氛。同时，可摆放少量花盆或清新高雅的盆景。会谈前，工作人员应将茶水、饮料等准备好。会谈期间，其他工作人员不得随便进入会谈现场。如有特殊需要，须征得主人与宾客同意后，方可进入。负责接待的工作人员应垂手站在主人和客人的后面，随时为客人服务。会谈结束后，主人应立即起身与客人一一握手以示庆祝，并带领宾客离开会议室。当宾客全部离开会议室后，工作人员才能进行收拾工作。

CHAPTER 8

SHANGWU
YANQING
ZHONG
DE
LIYI

第八章

商务宴请中的礼仪

商务宴请，无论是中式餐饮还是西式宴会，在各个环节都讲究礼仪细节。失礼，不仅会让东道主很丢面子，让客人感到尴尬，而且还可能会让商务宴请的预期目的化为泡影。因此，在商务宴请中，东道主需要做到精心准备，礼节到位。使商务宴请或工作餐在和谐、欢快的气氛中进行。

一 中式宴请的组织

中餐,即中式餐饮,指一切具有中国特色的、依照传统方法制作的餐食和饮品。中餐礼仪主要指中餐待客、中餐筹备、中餐布置、中餐进餐的礼仪要求及中餐餐具的使用礼仪要求等,这些都是社交活动中应该了解和懂得的知识。

精心做好中餐宴席的筹备

宴席,是指宴饮活动时食用的成套菜点及其台面的统称,较为突出地展示了民俗和社交礼仪。作为筹办者,要在场景、台面、席谱、程序、礼仪、安全等方面考虑周全,并通过服务人员来协助筹备宴席的主人妥善完成"社交"的任务。酒会筹备上的礼仪可给整个宴饮活动赋予祥和、欢快、轻松的氛围,给人以美的享受。具体筹备宴席礼仪表现在以下五个方面。

◎ 筹备宴席的时间安排

宴饮活动的时间安排应先争取第一主宾的意见,商定后尽早通知其他客人，通常在宴会的前两星期或再提前些。切记不要当天请客时再去通知客人，这样会使参加的人感觉不舒服，也是一种不敬之举。还有一些择时习惯是：如果宴请的人中有外宾，宴会日期最好不要订在周末或假日；中国人宴请活动的时间喜欢选在有"六"的日子，代表着"六六大顺"之意，而忌讳带"三、四"的日子，整个宴会所需用的时间一般为两个小时。对主人来说，准备的时间较长，据席面的大小，至少需要四个小时，甚至几天。

◎ 地点的安排

这是筹备宴会必须要考虑的问题。如果因为你曾在别人家中受到设宴款待，你也应该请他们到自己家里来吃饭，此做法表示你想继续这种友好的往来。当然，假如你不想发展这种友好的关系，不妨邀请他们和你一块参加其他的酒会作为回请。若在自己的寓所招待朋友们，要考虑所能容纳的客人总数，不能使客人们彼此感到局促或拥挤，也不可让客人处在过于嘈杂和通风不足的地方。可安排一个举办宴会的主厅，然后将与主厅相邻的房间利用起来，给客人们一个离席走动和透透空气的空间。同时要在与宴会厅相邻的屋里放一张长椅，可供几个人坐，免得出现一人独坐或两人挨着坐下，前者显得客人不善交际，后者会使另一个人无法脱身，因为仅有两人落座交谈，其中一人独自走开是对另一个人的失礼，而供几个人坐的长椅可解决此忧。

若家里地方确实狭小，在向朋友们解释后，也可在宾馆、饭店里进行回请。

◎ 发出通知

常见的两种发宴请通知的方式是：正式的宴会（国宴、婚宴、寿宴、庆典宴等）要专门印发请贴，表明宴会的正式性；便餐式酒会可通过电话通知或者主人亲自向所请的人们当面发出邀请。无论是哪一种形式，必须提前发出通知，让客人有一个安排其他事宜或准备赴宴的时间，同时以示主人对客人真诚地邀请之礼。

◎ 事先关照邻居

如果是家宴，难免会引起一些喧闹，所以若住所是公寓，在筹备宴席前要事先关照邻居，这一点尤为重要，以做到不失礼节。另外，举办宴会时还可主动邀请邻人参加。只要主人认为合适，邻居也乐于参加，邻居可作为第二主人的身份出现在席上，此举对增进邻里友好关系颇为重要。

◎ 设置衣帽间

若在餐饮场合举办宴会，客人的衣帽物品均由服务人员进行合理存放。而在家庭里举办宴会时，主人应注意设置专门的衣帽间，将男女宾客的衣帽分别安排。一般男子的物品存放在大厅内，妇女的物品则可存放在卧室。

总之，通过以上这些筹备宴席上的礼仪规范，使主宾感到精神上轻松愉快，从而实现主人的意愿。

>
>
> 菜谱和台面的设置由具体工作者和服务人员或副主人来做。主人应根据这些人的技术熟练程度进行合理分工，使他们能够相互合作，令整个宴会气氛和谐统一。

中餐餐桌安排应礼遇宾客

在中餐礼仪中，餐桌、席位的安排是一项十分重要的内容。它关系到来宾的身份，主人给予对方的礼遇，受到宾主双方的同等重视。因此，主人在安排宴请时，一定要注意安排桌面、席位的礼仪要求。

◎ **安排场地和主桌的礼仪要求**

宴会场地的安排方式应根据其类型、宴会厅场地的大小、用餐人数的多少及主办者的爱好等因素，来决定宴会场地的摆设规则。

① **宴会的摆设要选定是采用圆桌还是长方桌**。通常圆桌可方便宾客之间的交谈，常被应用。中餐上，只有非常正式或用餐人数超过五十位的餐会才会使用长方形桌。在选定了桌子类型后，需决定如何安排主桌的位置，原则上，主桌应摆在所有客人最容易看到的地方。桌位多时，还要考虑桌与桌之间的距离，一般桌距

最少为一百四十厘米,而最佳桌距是一百八十三厘米。桌距应以客人行动自如和服务人员方便服务为原则,桌距太大会造成客人之间彼此疏远的感觉。

② 宴会若全部采用长方桌,应据客人人数合理排列桌椅,如:少于三十六位宾客时可采用直线形;超过三十六位常采用"U"形或"口"字形;超过六十位时则采用"E"字形。无论何种排列方式,都要注意把主桌的位置摆得恰到好处。主桌不宜离其他客人太疏远,避免给人以高高在上之感,从而有助于将整个宴会的气氛搞得融洽。

> 无论是圆桌还是长桌,每位宾客之间的宽度至少要相距六十厘米。一般情况下,每个服务员要为一个圆桌上的所有宾客服务;长桌相连后,服务员的人数应根据客人的人数相应地增加。

◎ 布置餐桌桌面的礼仪要求

布置出一张极富浪漫情调的餐桌桌面,品味到一流的菜点,再加上主人热情好客的出色表现,如此才是一幅完美而绝妙的家宴聚会图。其中,巧妙地布置餐桌尤为重要,这里来谈谈餐桌的布置。

① 餐桌款式要求是最流行的,但是如果用的陈旧的桌子,且桌面上有刮痕或者碰痕时,一定要用桌布遮盖,千万不可用席面上的餐具来进行遮盖。桌布可以是买的桌巾,也可以选些便宜而好看

的布料自己动手制作，但注意它的尺寸要大。如果选用的是新购的流行款式餐桌，那么仅在桌面铺一张精美的衬垫即可，当然也可不铺。

② 桌面布置的色调要讲究。同样是布置桌面，主人精心的布置会使桌面情调优美。要根据宴请客人的喜好，在色彩搭配上适合客人的心理。如：水晶白玻璃杯衬托着桌面中央散发着沁人芳香的一束鲜花，给客人第一印象就是"太美了"。一般中餐多布置以橘红色为主调的餐桌，富有浪漫情调。如：圆桌上橘红色的绣花桌布一直垂到地板，桌椅、瓷器等用具是一种白色调，桌面正中央放置一大束色彩活泼的鲜花。这样的桌面设计给人以洁净、温和的感觉，它会使所有客人难以忘怀！

当然，桌布的式样和配色可尽情发挥，以令人舒适、开心、耳目一新为准则。

③ 桌面上的用具要讲究。在家中设宴，要让客人感到贴心的服务和家的温馨，桌面上决不可用纸盘、纸盒和塑胶杯等方便餐具，否则会使你的家宴降低档次，充其量只能算个非正式的家庭聚餐。尽心为客人服务的主人绝不是这样的，他会用漂亮的玻璃杯盛酒，用精美的瓷盘盛菜，即使自己家的器皿不够用，也会向邻居和朋友们借，使整个餐桌用具格外生辉。餐桌用具用不着整套整组地去购买，各式菜盘和点心盘可以是不同款式和样式的。

总之，布置餐桌不需要高档的用品，只要主人精心构思，再加上他的好客态度，定能布置出令人耳目一新的现代餐桌式样，以此衬托一场出色的宴会。

座次排列应符合礼仪规范

在进行宴请时,每张餐桌上的具体位次也有主次尊卑之别。排列位次的基本方法有四条,它们往往会同时发挥作用。

·主人大都应当面对正门而坐,并在主桌就座。

·举行多桌宴请时,各桌之上均应有一位主桌主人的代表在座。他亦称各桌主人。其位置一般应与主桌主人同向,有时也可以面向主桌主人。

·各桌之上位次的尊卑,应根据其距离该桌主人的远近而定,以近为上,以远为下。

·各桌之上距离该桌主人相同的位次,讲究以右为尊,即以该桌主人面向为准,其右为尊,其左为卑。

另外,每张餐桌上所安排的用餐人数应限于十人之内,并宜为双数。人数如果过多,不仅不容易照顾,而且也可能坐不下。

根据上述四条位次的排列方法,圆桌上位次的具体排列又可分为两种具体情况。它们的共同特点,是均与主位,即主人所坐之处有关。

第一种情况,是每桌只有一个主位的排列方法。其特点,是每桌只有一名主人,主宾在其右首就座,每桌只有一个谈话中心。

第二种情况,是每桌有两个主位的排列方法。其特点,是主人夫妇就座于同一桌,以男主人为第一主人,以女主人为第二主人,主宾和主宾夫人分别在男女主人右侧就座，每桌从而客观上形成了两个谈话中心。

有时，倘若主宾身份高于主人，为表示尊重，可安排其在主人位次上就座，而请主人坐在主宾的位次上。

若是本单位出席人员中有高于主人者，可请其居于主位而坐，而请实际上的主人坐在其左侧。

当然，以上两种特殊情况亦可遵守常规，不作变动。

为了便于来宾正确无误地在自己所属的位次上就座，除招待人员及主人要及时地加以引导指示外，应在每位来宾所属座次正前方的桌面上，事先放置以醒目的字迹书写着其个人姓名的座位卡。

举行涉外宴请时，座位卡应以中、英文两种文字书写。我国的惯例是，中文写在上面，英文写在下面。必要时，座位卡的两面均应书写用餐者的姓名。

中餐餐具要讲究使用礼仪

中餐餐具，即用中餐时所使用的工具。在一般情况下，它又分为主餐具与辅餐具两类。以下分别对其加以介绍。

◎ 主餐具

中餐的主餐具,是指进餐时主要使用的往往必不可少的餐具。通常,用中餐时要使用的主餐具有筷、匙、碗、盘,等等。

① 筷,又叫筷子。它是用中餐时必不可少的最重要的餐具。筷子的主要功能,是用餐时以之夹取食物或菜肴。

使用筷子,首先要方法正确。一般应以右手持筷,以其拇指、食指、中指三指前部,其同捏住筷子的上部约三分之一处。通常,筷子必须成双使用,而不可只用单根。

② 匙,又叫勺子。在用中餐时,它的主要作用是舀取菜肴、食物,尤其是流质的羹、汤。有时,以筷子取食时,亦可以勺子加以辅助。

在一般情况下,尽量不要单用勺子去取菜。以其取食时,不宜过满,免得溢出来弄脏餐桌或自己的衣服。必要时,可在舀取食物后,在其原处"暂停"片刻,待其汤汁不会再流时,再移向自己享用。

③ 碗,在中餐里,主要是盛放主食、羹汤之用的。在正式场合用餐时,用碗的注意事项有:

·不要端起碗来进食,尤其是不要双手端起碗来进食。

·食用碗内盛放的食物时,应以筷、匙加以辅助,切勿直接下手取用,或不用任何餐具以嘴吸食。

·碗内若有食物剩余时,不可将其直接倒入口中,也不能用舌头伸进去乱舔。

·暂且不用的碗内不宜乱扔东西。

·不能把碗倒扣过来放在餐桌之上。

④ 盘,又叫盘子。稍小一些的盘子,则被称作碟子。盘子在中

餐中主要用以盛放食物，其使用方面的讲究，与碗略同。盘子在餐桌上一般应保持原位，不被搬动，而且不宜多个摞放在一起。

◎ 辅餐具

中餐的辅餐具，指的是进餐时可有可无、时有时无的餐具。它们主要在用餐时，发挥辅助作用。最常见的中餐辅餐具有：水杯、湿巾、水盂、牙签，等等。以下，对它们分别作一些介绍。

① 水杯。中餐中所用的水杯，主要供盛放清水、汽水、果汁、可乐等软饮料时使用。需要注意的，一是不要以之去盛酒，二是不要倒扣水杯，三是喝入口中的东西不能再吐回去。

② 湿巾。在中餐用餐前，比较讲究的话，会为每位用餐者上一块湿毛巾。它只能用来擦手，绝对不可用以擦脸、擦嘴、擦汗。擦手之后，应将其放回盘中，由侍者取回。有时，在正式宴会结束前，会再上一块湿毛巾。与前者不同的是，它只能用来擦嘴，却不能揩脸、抹汗。

③ 水盂。有时，品尝中餐者需要手持食物进食。此刻，往往会在餐桌上摆上一个水盂，也就是盛放清水的水盆。它里面的水并不能喝，而只能用来洗手。在水盂里洗手时，不要乱甩、乱抖。得体的做法，是两手轮流沾湿指尖，然后轻轻浸入水中刷洗。洗毕，应将手置于餐桌之下，用纸巾擦干。

④ 牙签，它主要用来剔牙。用中餐时，尽量不要当众剔牙，非剔不行时，应以另一只手掩住口部，切勿大张"血盆大口"。剔出来的东西，切勿当众观赏或再次入口，也不要随手乱弹，随口乱吐。剔牙之后，不要长时间地叼着牙签，取用食物时，不要以牙签扎取。

正确使用筷子

使用筷子取菜、用餐时，需要注意下列问题。

一是不"品尝"筷子。不论筷子上是否残留着食物，都不要去舔它。在取菜前切不可这样做，长时间把筷子含在嘴里也不合适。

二是不"跨放"筷子。当暂时不用筷子时，可将它放在筷子座，或支放在自己所用的碗、碟边缘上。不要把它直接放在餐桌上，更不要把它横放在碗、盘，尤其是公用的碗、盘上。掉到地上的筷子不要再用。

三是不"插放"筷子。不用筷子时，将其"立正"插放在食物、菜肴之上尤为不可。根据民俗，只有祭祀先祖时才可以这么做。另外，也不要把筷子当叉子，去叉取食物。

四是不"舞动"筷子。与人交谈时，应暂时放下筷子，切不可以其敲击碗、盘，指点对方，或是拿着它停在半空中，好像迫不及待地要去夹菜。

五是不"滥用"筷子。不要以筷子代劳他事，比如剔牙、挠痒、梳头，或是夹取菜肴、食物之外的东西。

二　出席中式宴请的礼仪

商务人员常常需要出席一些宴请。收到宴请请柬并决定赴宴时，一定要做好充分的准备工作。出席宴会者在席间更应注意礼仪规范，如举止行为文雅、退席时向主人打招呼并表示感谢，等等。这些都是赴宴宾客必须掌握的礼仪要求。

接受邀请时做好充分准备

◎ 向对方回复接受邀请

接到请柬后，受邀者应于指定时限或当日答复，使主人早日得知宾客来与不来，以作是否另邀他客之决定。接受邀请时，回柬须写明请客日期、时间及地点，以免主客之间发生误解。回复请柬时应致谢意，并清楚表明赴宴与否，千万不可模棱两可。如答应赴宴，非万不得已时，不得爽约，遇临时发生特殊事故而不能践约，须立即通知邀请方。如已回柬不能赴宴，则不可再改变主意，临时又请求赴宴，而增加邀请方的困扰。请柬如不能按时回复时，须将理由以信件或电话通知主人，同时约定于一定时间内作肯定答复，绝不可借故延迟回答。当夫妇被邀，仅有一个人能参加时，须先询问邀请方是否方便。如事先探悉，或根据邀请方口气获知有所不便时，应立即辞谢。

◎ **适度修饰仪表**

在出席比较正式的宴会前都应特别注意修饰自己的仪表，使其合乎宴请场合的礼仪要求。在国外出席宴会对来宾的着装有比较严格的要求，有时邀请方甚至将对客人着装的具体要求在请柬上专门注明。一般认为，穿T恤衫和牛仔裤、背心和西式短裤、宽松式上衣配健美裤等赴宴都是不妥当的。

◎ **适时到达**

适时到达是赴宴的重要礼仪之一。适时的含义是既不要迟到，又不要早到十五分钟以上，应稍有提前，保证准时。到场太早是不明智的，容易为主人添麻烦，迟到是非常失礼的，不仅会给主人带来不便，也会使其他宾客感到不悦。到达后，应先到休息室等候，在邀请方礼仪人员的引导下与其他宾客一起入席；如没有休息室，可直接进入宴会厅，但切忌提前到餐桌旁落座。

◎ **向主人招呼致意**

到达宴会地点后，应首先向在门口迎候来客的邀请方人员表示问候和感谢。按西方人的习惯，宾客应先向女士打招呼，然后才问候男士。问候时可向女士赠送花束，然后再向其他客人问好。在此之后，应进入客厅或休息厅稍事休息。

落座席间应注意文明有礼

当应邀到达宴会地点，在客厅或休息厅稍事休息时，应抽空到衣帽间将随身携带物品，如外套、帽子、皮包等放好。女士可以利用这一间隙，到洗手间补一补妆，整理一下自己的衣饰、发型。记住，在餐桌旁边补妆或整理发饰是不文雅的举止。

一般情况下，主宾抵达后，邀请方有关人员即陪其进入客厅或休息厅同其他客人见面。规定的宴会开始时间到了以后，邀请方主人便陪同主宾率先进入宴会厅，并在宴桌落座。其他宾客此时方可依照邀请方安排的桌次和位次入座。假如您对宴请活动富有经验，一定会对请柬上注有的桌次号码牢记在心。

落座前，要注意桌上席位卡是否写着自己的名字，不可随意乱坐。如果没有排定座位，自己又不是主宾，那可以自动地坐在远离邀请方主人的席位上。

否则如果误坐了贵宾席，再让出来，少不了会感到脸上无光。一般稳妥些的做法应该是待邀请方主人请入座时，方可入座。并且在入座、铺餐巾、离席等具体问题上，处处以邀请方主人的行为为准，只能紧跟其后，不可擅自为先。

坐下之后，可以调整自己的坐姿。一定要注意举止得体，不可坐下后头倚在椅背上，将腿交叉在一起不停地抖动，或两只脚直伸向前方。如果举止不得当，往往会影响个人形象。正确的坐姿应是将座椅移进餐桌，上身紧靠餐桌挺直而坐，尚未用餐时，双手应平放在双腿上。将坐椅拉得离餐桌远远的，俯身趴在餐桌上，或将双臂支在餐桌上，都属于不符合宴会礼仪的不文雅姿态。

落座后，邻座如不相识，可先自我介绍。相识后，应热情地、有礼貌地与同桌的人交谈。要注意保持平衡，不应只同熟人或一两个人说话。切勿静坐，但交谈的面不宜太大，蜻蜓点水式的交谈，一般不会给对方留下深刻印象。

在宴会中，如果迟到了，其他的宾客都已就坐，这时，应特别小心，不能惊动四座，也不能连对主人都不敢望一眼，悄悄地溜入，这样做是很失礼的。而应走近邀请方所排定的位置，向邀请方主人打招呼，然后坐下来，同时用点头方式和宾客们打招呼。

一旦接受对方的邀请，就必须如期赴约，除了疾病和非处理不可的事之外，别的都不能成为失约的理由。如遇有特殊情况不能出席，应及时地、有礼貌地向邀请方主人解释或道歉。而且，决不能在同一天里拒绝一个邀请后又赶赴另一个邀请。

席间举止应保持礼仪形象

商务人员在席间应做到举止文雅、吃相高雅、正确地使用餐具，同时遇到紧急事件时要合情合理地处理，始终保持良佳的礼仪形象。

◎ 举止有礼

入席后在众目睽睽之下补妆或梳理头发，尤其是在进餐过程中宽衣解带、挽袖口、松领带是不礼貌的。用餐中主人与客人、客人与主人、客人与客人之间为了表示各自的热情和关爱，通常会彼此劝酒让菜，但停留在口头上即可，或用公筷，千万不要动不动就用自己的筷子为别人夹菜，这会在客观上造成自己餐具上的唾液与他人共享的事实，让被敬者勉为其难。

◎ 进餐文雅

用餐前先将餐巾打开铺在膝上；上菜后，经主人招呼，即可开始进餐。用中餐时，要注意筷子的使用；用西餐时，应右手持刀，左手握叉。餐别不同，礼仪要求也不一样，但总的来说，吃东西要文雅，闭嘴咀嚼，不要发出声音。如汤、菜太热，可待稍凉后再吃，切勿用嘴吹。进餐时，不要打喷嚏、咳嗽，万一不能抑制，必须把头转个方向，用手帕掩住口鼻。在主人与主宾祝酒时，应暂停进餐，停止交谈，注意倾听；与他人碰杯时，要目视对方以示致意。

对自己喜欢吃的食物，不要站起身到餐桌的另一头去夹或主动要求服务员和主人添加（中餐）。当服务员递给自己不爱吃或不能吃的食物时，一般不要拒绝，可取少量放入盘内，并表示"谢谢""够了"。

◎ 正确使用餐巾

别忽视了这块小小的餐巾，它可以表现出宴会中举止得体与否。正式宴会中，餐巾与桌布颜色、质料都需配合，餐巾大约为六十厘米的正方形，通常摆在餐盘里，有时也折成一定的花形插在水杯里。宾客在餐桌旁落座后，打开餐巾时，动作要舒缓一些，不要乱抖。

请注意，中式餐是将餐巾全部打开，西式餐的午餐也是如此，而西式餐的晚餐则是将餐巾打开到双摺为止。不宜将餐巾放入衣领内、皮带内或衬衫纽扣中间，这种做法早已过时。

标准的做法，是应当将其对折成长方形或等腰三角形，然后折向外，平铺在自己并拢的双膝上。它的主要作用是防止油污汤水溅在衣服上，以保持服装的干净。

◎ 牙签与调味品的使用

正式宴会中，不宜当众使用牙签，更不可用指甲剔牙缝中的食物。如果感觉疼痛且有必要时，可以直接到洗手间去拿掉，否则可以等到餐后再向服务员要牙签。必须用牙签时，最好用手捂住嘴轻轻剔，且要速战速决。边说话边剔牙或边走路边剔牙都不雅观，用过的牙签应放在盘内，勿置于桌面上。

如果借用同桌客人面前的调味品时，应请旁边客人帮忙传递，不可探手横过他人面前取。另外，传递前可先用餐巾揩一下手，递时最好用右手。

筷子是中餐里的必备餐具，在等待就餐时不能用筷子敲打任何餐具，席间临时离开餐桌时，不能把筷子插在饭碗中，而应将其放在桌子上、餐碟或筷架上。席间若失手把餐具掉落在地上了，不要没完没了地道歉，也不要自己低头去捡，请服务员补上相应的餐具即可。

中途道别需特别注重礼仪

客人在席间或在主人没有表示宴请结束前离席是不礼貌的，一旦赴宴就应尽量避免中途退场。如实在因事需要中途离席，要特别注意相关礼仪。

◎ 说明情况

如果席前就已准备中途告别，最好在宴请开始之前就向邀请方主人说明理由，届时向主人打个招呼便可悄悄离去；临时因事需要提早道别，同样应向邀请方主人说明理由。无论宴会前或宴会开始后向邀请方主人提出中途退席，都不要忘记向邀请方主人表示歉意，更不要让邀请方主人感到难堪或不悦。

◎ 选好时机

中途道别离席的时机忌讳选择在席间有人讲话时或讲完话之后。这容易让人误以为告辞者对讲话不耐烦。提前道别的时机最好是在宴会告一段落时，如宾主之间相互敬了一轮酒或客人均已用完饭后。

◎ 减少影响

中途道别只需和邀请方主人打招呼或向左右宾客点头示意即可，不要大张旗鼓地与宾客一一握手道别，邀请方主人也不必离席远送，尤其是在宴请宾客人数较多时更不应该如此，否则会影响他人用餐，甚至会影响整个宴请的氛围。

宴会结束礼貌致谢告别

◎ 客人告辞

只有邀请方主人才有权利表示结束宴席，只有主人首先从座位上站起，宾客们才能随之起立。在邀请方主人和主宾离开坐席后，其他宾客才能采取"撤退行动";如果是家宴,至少要在饭后停留一刻钟左右告辞,吃完饭马上离去是不礼貌的。

◎ 主人送行

邀请方主人应在门口为宾客送行。如果是家宴,邀请方主人应把宾客送到楼下握手道别。一般情况下,道别的顺序是男宾先向男主人道别,女宾先向女主人道别,然后再交叉道别。

◎ 客人致谢

客人应向邀请方主人致谢,感谢主人的盛情款待,称赞主人的周到安排和精美菜肴。无论您参加的宴请多么乏味,道别时都不要向主人流露出厌倦或不悦,否则是失礼的。

三 中式宴会中的饮酒礼仪

正式一点的宴会都叫酒席，足见饮酒是宴会的必备内容。那么，如何斟酒、如何敬酒、如何饮酒就是赴宴者必须掌握的礼仪要求。本节就将上述礼仪要求作简要的介绍，以便商务人员在组织和参加宴会时能够从容应对，入情入礼。

斟酒与敬酒均应依礼而行

◎ 为宾客斟酒

酒具应大小一样，如果在家中设宴，酒具一定要清洁、无破损。酒瓶应当场打开，在没有侍者的情况下，应由主人或主人安排的主陪首先为宾客斟酒，作为客人不要过于发挥主观能动性。为客人斟酒时应该站在客人的右侧，酒杯应放在餐桌上，瓶口不能与酒杯相碰，酒也不宜斟得太满。斟酒的顺序是先位高者、年长者、远道而来者，然后顺时针给每人逐个斟满。

◎ 向宾客敬酒

向宾客敬酒，是表示祝愿、祝福等。在祝酒时，应注意一些事项。

·首先应了解对方饮酒的习惯，以及为何人祝酒、何时祝酒，等等，以便作必要的准备。

·根据规定，提议大家干杯、向来宾祝酒的只能是宴请的主人。第一资格人是男主人，男主人不在时为女主人。宾客应该按主人的意图行事，不要喧宾夺主。主人敬酒后，会饮酒的人应回敬一杯。回敬酒时应在被敬者开始饮酒后，敬酒人再把酒送至自己嘴边。

·在为欢迎某位贵宾而特意举行的欢迎宴会上，在男主人祝酒之后，男主宾也可祝酒。

·碰杯时，主人和主宾先碰，人多可同时举杯示意，不一定碰杯。

·祝酒时注意不要交叉碰杯。

·在主宾和主人致辞、祝酒时，应暂停进餐，停止交谈，注意倾听，也不要借此机会吸烟。如果提议为尊贵的客人的健康干杯时，杯中的酒最好一饮而尽，酒量小者可事先少斟些酒。饮用鸡尾酒或加冰的酒，不能干杯。

主人和主宾讲完话与贵宾席人员碰杯后，往往到其他各桌敬酒，遇此情况应该保持正确的敬酒姿态，即从座位上站起，双腿站稳，上身挺直，右手举起酒杯。

·碰杯时，要目视对方致意。

·依惯例，干杯宜用香槟酒，不宜用普通的葡萄酒、啤酒。

男士不应首先提议为女士干杯，晚辈、下级不宜首先提议为长辈、上级干杯。

饮酒须知适度，不可失态失礼

如果主人有各种类型的酒，您可以选择自己喜欢喝的那种。身为客人不应要求主人非得提供哪一种酒，这种无理要求是不礼貌的。如果您要的那种酒主人没有，岂不令人难堪？若是在旅馆或是有酒吧的公共场所，如果两三人随便喝酒，各人可选自己喜欢喝的酒；如果是宴会，只有在很熟的朋友间才可指定要喝什么样的酒。在饮酒过程中，还应注意以下礼仪要求。

◎ 姿势要正确

合乎礼仪的饮酒姿势应该是端起酒杯，首先欣赏酒的颜色，闻一闻酒香，然后轻啜一口，慢慢品味。有教养的人喝酒时不会让他人听到自己的吞咽声，更不会为了显示自己的酒量，举起酒杯看也不看便一饮而尽，猛灌总是不雅观的。喝酒的速度尽可能不要超过宴请自己的主人，慢喝总比快喝要享受，也安全一些。尤其是女子，更要慢慢喝，免得被人看成是酒鬼。

◎ 酒量要适宜

鉴于酒后容易失言或失礼，在宴请饮酒中主客双方都应严格控制喝酒的数量。切忌见到美酒佳肴陶醉于宴请的热烈气氛中而忘乎所以，开怀畅饮。在正式宴请中，主宾的饮酒量均应控制在平时酒量的一半以下。

◎ 劝酒要适度

对于确实不会喝酒的人不宜劝酒，对于会饮酒者，劝酒也应适可而止，劝酒劝得死去活来，不把人灌醉不罢休是不礼貌的。更不要在客人的软饮料里斟烈性酒，强迫、勉强他人喝酒会令人不快，是违背宴请初衷的行为。

◎ 拒酒要得体

在宴请过程中不会喝酒或不打算喝酒的人，可以有礼貌地阻止他人敬酒，但不应一概拒绝，至少应喝一点儿果汁或饮料，否则会影响他人的兴致和宴会的气氛。拒喝酒的方式多样，可以主动要一些饮料，并说明自己不喝酒的原因，也可以让斟酒者在自己面前的杯子里少斟一点酒，不要为了拒绝而东躲西藏，更不要把酒杯扣在餐桌上，或把已倒入杯中的酒悄悄倒在地上。

◎ 随时提醒自己

喝酒时要避免失态，应随时看看自己是否变得太放松、太多话、太亲密、太随便等，这些都是不雅的，有时还很容易冒犯别人。因此必须时时保持清醒，要适可而止。在酒席上，应当保持我们民族热情好客的优良传统，提倡劝者尽其情，饮者度其量，使宴会在友好的气氛中进行，在愉快的氛围中结束。

按照礼节，杯子里的酒是可以不喝的，而空着杯子是不合适的。宴席上，商务人员切记不要为了拒绝喝酒而东躲西藏，更不要把酒杯扣在餐桌上。

四 西餐宴会的礼仪

西餐是中国和其他东方国家的人们对欧美各国茶点的统称,是由原材料、厨艺、服务、环境组成的综合产品。西餐大致分为两大类:一类是以俄式菜为主的东欧菜式;另一类是西欧菜式,其中又有法式菜、英美式菜和德式菜之分。

由于中西文化背景的不同,导致人们饮食需求的差异,表现出中西餐的许多区别。与中餐相比,西餐宴会有着更多、更严格的礼仪规定。因此,了解西餐文化,掌握西餐礼仪,对于商务人员来说是十分必要的。

席位安排:女士优先,以右为尊

西餐席位的排列事关礼仪次序,不可马虎了事。绝大多数情况下,在排位时要有一定的排位原则和方法。

◎ 排列的原则

① **女士优先**。一般女主人为第一主人,在主位就位,而男主人

为第二主人,坐在第二主人的位置上。

距离定位,距主位近的位置要高于距主位远的位置。

② 以右为尊。男主宾要排在女主人的左侧,女主宾要排在男主人右侧,按此原则,依次排列。

③ 面门为上。面对餐厅正门的位子要高于背对餐厅正门的位子。

④ 交叉排列。即男女应当交叉排列,熟人与生人也应当交叉排列,一个就餐者的对面和两侧往往是异性或不熟悉的人,这样可以扩大交友面。

◎ 排列的方法

① 长桌的排列,一般有如下几种情况:

一是男女主人在长桌的中央相对而坐,餐桌的两端可以坐人,也可以不坐人。

二是用餐人数较多时,可以把长桌并成其他形状,便于大家一道用餐。

三是要注意的是长桌的两端尽可能安排举办方的男子坐。

② 方桌的排列。方桌排列位次时,就座于餐桌四面的人数应相等,并使男女主人、男女主宾相对而坐,所有人各自与自己的配偶或恋人坐成斜对角。

餐具摆放：刀叉规范，符合惯例

西餐餐具主要有刀、叉、匙、盘等。刀分食用刀、鱼刀、肉刀、奶油刀、水果刀；叉分食用叉、鱼叉、肉叉、龙虾叉；匙有汤匙、甜食匙、茶匙等；盘则有大小不同的菜盘、汤盘、垫底盘、面包盘等。酒杯则分为葡萄酒杯、香槟酒杯、烈性酒杯、啤酒杯等。西餐餐具一般在开餐前都已在餐桌上摆好。

正式宴会的摆法一般是：座位前正面放垫底盘，左叉、右刀、匙。左右侧最外边的刀叉是餐前食用刀叉，中间的刀叉是吃鱼用的刀叉，靠里边的刀叉是吃肉菜用的刀叉。它们都纵向放置在就餐者垫底盘的两侧，分别离桌缘一厘米至两厘米。这些刀叉的摆放顺序，从外向里取用，正与上菜的顺序一致。吃甜品用的刀叉，一般在最后使用，被横向摆放在垫底盘的正上方。垫底盘上方放甜食匙，再往前略靠右放酒杯，右起依次为葡萄酒杯、香槟酒杯、啤酒杯（水杯）。餐巾叠成花样插在水杯内。面包盘置于叉子左侧约一厘米至两厘米处，离桌缘三厘米至四厘米。

在座位左上方往往放有一玻璃或金属水盂，盛有清水，有时还撒有花瓣，这是供洗手用的，宾客在席间洗手时把手指轻涮一下即可。

餐具使用：讲究礼仪，不可混淆

西方人习惯使用的餐具是刀叉，而且相当讲究，不同餐具有不同的用途，不能混淆。因此，当我们吃西餐时，就应该了解和遵循西方人的礼仪规范。

◎ 刀、叉、匙的使用

食物盘子应放在餐桌的正前方。右侧放刀，左侧放叉，两者都按使用顺序，由外侧往内侧摆。碰到吃全席大菜时，这些餐具就按照用开胃小菜、汤、海鲜、肉类、冷饮、烘烤食物、沙拉、餐后甜食的顺序依次摆出。

通常，刀叉都成双成对，唯独喝汤的汤匙是单个使用。正餐一般从汤开始，放在你面前最大的一把匙子便是汤匙，它放在你右侧的最外面。桌上的刀叉以三副为限，当上完三道菜后便撤去，再随菜摆上新的刀叉，餐后的甜食另有叉子和汤匙。涂面包油用的奶油刀，应放在左侧的面包碟子上。如果菜单中有鱼的话，它一般在用过汤以后送上，桌上有吃鱼专用的叉子，它放在肉叉的外侧，比肉叉略小些。

用刀时，应将刀柄的顶端置于手掌之中，以拇指抵住刀柄的一侧，食指按在刀柄背上，但需注意食指决不可触及刀背，其余三指顺势弯曲，握住刀柄。叉如果不是与刀并用，则叉齿应该向上。持叉应该尽可能持住叉柄的末端，而不能抓住叉柄的下部，叉柄倚在中指上，中指则以外侧的无名指和小指为支撑。叉可以单独用于取食那种无须切割的主菜。刀叉并用时，持叉姿势与持刀相似，叉齿应该向下。通常，刀叉并用是在取食主菜的时候，但若无须用刀切割，则用叉切割，这两种方法都是正确的。刀除了用于切割食品外，还用来帮助将食品拨到叉上，这样做时，必须用刀将食品拨到叉的内侧，而不是外侧，否则会使自己的肘部碰到邻座。

持匙用右手，持法同持叉，但手指必须持在匙柄的上端。叉匙并用取食时，叉的使用与刀叉并用时相同，叉齿朝下，就餐时按顺序由外往里取用。每道菜吃完后，将刀叉并拢平放盘内，以示吃完。如未吃完，则摆成八字或交叉置于盘上，刀口应向内。吃鸡、龙虾时，经主人示意，可以用手撕开吃，或用刀叉把肉割下，切成小块吃；切带骨头或硬壳的肉食，叉子一定要把肉叉牢，刀紧贴叉边下切，以免滑开；切菜时，注意不要力过猛撞击盘子而发出声音。不易叉的食物，可用刀将其轻轻推上叉。除喝汤外，不宜用匙进食。汤用深盘或小碗盛放，喝时用汤匙由内往外舀起送入口内，即将喝净时，可将盘向外略托起。吃带有腥味或怪味的食品，可将备好的果汁加一些在食品上，以去腥味。

在席间谈话时，可以不必将刀叉放下。但如果你要做手势，就应该把刀叉放下，切不可拿着刀叉在空中比划，另外，也不能将刀叉竖起来拿着。正确使用刀叉，不仅是礼仪上的需要，同时也是为了安全。如果由于不熟悉规矩，在用西餐时不慎将餐具误伤自己或者旁人，那岂不尴尬？

◎ 餐巾的使用

餐巾又称口布。餐巾的用途，主要是防止食物玷污衣服，也可用来擦手上或嘴上的油渍。餐巾纸是一种简便的代用品，也具有餐巾的某种用途。

在正式宴会上，客人要待主人先拿起餐巾时，自己方可拿。反客为主的做法是失礼的。

打开餐巾后，应摊放在自己的腿上，以能接住可能滴落的食物为宜。有人喜欢把餐巾别在衣领或背心纽扣上，这在我国不是通行规范的使用方法。

有人一打开餐巾或一拿起餐巾纸，便用来揩擦自己的杯盏刀叉。这实际是对餐厅卫生工作的不信任。对餐厅服务人员来说，这实际上是一种很不礼貌的行为。

如果有事临时离座，应将餐巾折好放在餐桌上，不要随意揉成一团或顺手往椅背上搭。

用餐后，可用餐巾揩拭嘴角或手，但千万不要把餐巾当抹布，在餐桌上乱擦。

欧洲人和美国人使用刀叉的习惯略有不同，使用的方法是右手持刀，左手持叉，将食物切成小块，然后用叉送入口内。欧洲人使用刀叉时不需换手，即从切割到送食均以左手持叉，美国人则切割后，把刀放下，右手持叉送食入口。

西餐吃法：保持吃相文雅

西餐的用法与中餐有着明显的不同，如上菜的顺序不同，每种菜的吃法又有一定的讲究。现在，随着与外商打交道的日益增多，我国的商务人士也应懂得一些西餐吃法方面的礼仪。

◎ 开胃菜

一般来说，饭前在休息室供应的开胃小吃，包括饼干、面包等，可以用手拿来吃；但在餐桌上，开胃菜算是一道菜，禁止手拿，应用刀叉进食。

鱼子酱夹吐司、牡蛎、蜗牛、洋火腿与水果组合等都是十分常见的西餐开胃菜。要特别留意牡蛎、蜗牛的吃法。

生牡蛎是西餐中常见的季节性开胃菜，吃的时候以左手按住壳，右手拿专用叉，挖起整个牡蛎后，淋上调味汁，叉起来吃，壳内的汤汁则可以用手拿壳直接喝掉。

烤蜗牛也有专用的夹子和叉子，吃的时候，以左手专拿用夹固定外壳，右手再以叉子取出里面的肉，壳中留下的汤汁，则可以用夹子夹起来喝。

洋火腿与水果的组合是最常见的开胃菜，也是自古沿用至今的，水果中最常见的是哈密瓜。进食时，先将哈密瓜切成一口大小，再切适当大小的洋火腿把哈密瓜卷起来，边卷边吃。

◎ 汤

喝汤时汤匙不要舀满,尤其是第一匙,更是要小口些。

无论汤有多烫,都不可以用口吹凉。此时,可以用汤匙稍加搅拌,待稍凉后再喝。

◎ 面包

注意不要一开始就吃面包,大体来说,面包是在喝完汤以后,和鱼肉主菜料理一起吃的,而且,必须在点心出来之前吃完,也就是说主菜吃完了,面包也应该吃完。

切记取用左侧的面包。不管面包是放在面包盘上,或是用餐巾包起来,或是直接放在桌子上,在座位安排较紧密的餐桌上,切记取用自己左侧的面包,就不会有尴尬的场面发生。

吃面包禁止使用刀子,也不能整个拿起来咬着吃,而是要用手撕成适当的小块,一口一块,用黄油刀抹上黄油,再送进嘴里。

◎ 鱼、肉主菜

西餐中鱼有两种,一种是去掉骨的煎鱼块,直接用叉子叉起来吃即可。一种是带骨的鱼,其吃法比较复杂,先用鱼刀将鱼头切下,放在专盛鱼骨的备用盘里,然后用鱼刀沿着鱼背割下上边的肉放在盘子的一边,再用刀子切成小块吃掉,上边的肉吃完后,用手将鱼骨拉掉,放在备用盘里,然后再用刀子将鱼肉切成小块吃掉。

吃肉不像吃鱼那么烦琐,吃大块的肉,可以先将肉切成两半,再慢慢切成小块一块一块吃。如果是吃带骨头的肉,可先用刀子确定骨头的位置，把能切下来的肉切下，再用叉子叉着吃。吃串烧肉也一样，应趁热把肉全部取下，放在盘子里吃比较优雅。

◎ 沙拉

一般来说，沙拉多是和主菜一起上桌的，但不是和主菜交换着吃。

沙拉一般是和酸淋汁一起调配的，口感清爽，所以，应该是把肉吃完后才吃沙拉，可以解油腻。

沙拉的淋汁是需要自己调拌的，宴会桌上，沙拉和淋汁经常是分成两盘的，由客人自己根据沙拉的多寡和自己的口味来加入适量的淋汁。如果是沙拉酱，比较稠，最好先放在盘侧。

沙拉通常是舀或叉起来吃，若不止一口的大小，需要切开吃，可以用叉子的侧面切。有些较硬的沙拉如西芹，或较软的沙拉如大片的菜叶等，不太容易切开，但如今沙拉刀已经问世，很好地解决了这个问题。

◎ 餐后甜点

餐后点心，是吃完主菜以后上的。餐后甜点，似乎不太适合中国人的习惯，而且品种繁多，吃法各异，所以，要得体文雅地进食，还要掌握一定的礼仪规范。

·蛋糕、三明治、油酥饼等，可以用手拿着吃，通常为三角形或四角形。吃的时候要从尖的部分开始，姿态要优雅。外围的薄纸，应先拉开，折好放在盘子里。

·奶酪，用刀切下一小片，然后用手拿着吃。

·派，因为有好几层，所以一般是用刀子切开来吃，碎裂的部分再用叉子或汤匙舀起来吃。

·**冰淇淋、水果羹等**，左手按住容器的脚部，右手拿汤匙由内往外舀，并且从自己前面的部分开始吃。吃完后，汤匙应横放在靠自己侧面的托盘里。

·**布丁**，一般用叉叉着吃，如用叉取食有困难，则可以叉匙并用。

·**通心粉、细面条等**，用叉叉起面条，然后小心而快速地转动叉子，让面条缠绕在叉子上吃。

西餐后吃水果礼仪介绍

以下是西餐常见的餐后水果礼仪，如果商务人员在餐桌上遇到你不知如何下手的水果时，不妨先观察他人如何处理，再优雅地进食。

·香蕉：吃香蕉时，把果皮剥到一半时，然后一口一口咬着吃并无不可，但最好是用刀在果皮上划几刀，然后把果皮整个剥掉，把果肉放在盘子里，切成小块，用叉子叉着吃。

·苹果与梨：用水果刀切成四块，剜去果心，逐块去皮，然后用手拿起来吃，如果喜欢，也可以连皮一起吃。

·哈密瓜、西瓜：大多是切成半月状，而且带皮，如果附有刀叉，应以叉子压住左端，再用刀子将果皮与果肉划开，切成一口大小，以叉子就食。如果只有叉子或匙子，则应以左手按住瓜皮，再用叉或匙舀起果肉吃。西瓜籽应先剔除再吃，如果不注意吃入口，要吐籽时，应以手掩口，吐在手里或叉子上，再放置在餐盘的一侧。

·草莓或葡萄：可以用手拿着吃，当然也可以用叉子叉着进食。大粒的葡萄，可以用手剥皮，或用刀子去皮，再以叉子就食。如果未经处理，整个吃下，可以把皮和籽吐出，吐出时，以手掩口，吐在手里，再放置在餐盘的一角。

酒的饮用：规范适度、文明

在西餐宴请中，酒的搭配是比较规范的，每一道菜会配不同的酒，所以，对酒要有适当的了解，才不至于失礼。

◎ 餐前酒

餐前酒又称开胃酒，通常在宴会前半个小时左右由主人招待。一般有威士忌、马提尼、雪莉、杜松子酒、伏特加等系列。国内宴请中，也会用啤酒、果汁、饮料等替代。

◎ 餐中酒

餐中酒又称席上酒，按照国内的习俗，任何酒都可以当作席上酒，但在正式的西餐中，席上酒仅限于葡萄酒。

① 白葡萄酒。具有一定的酸味，可以去腥，所以，一般配鱼类、海鲜、虾等肉质比较细嫩的肉类时使用。白葡萄酒的酒精成分约十度到十四度，温度应保持在华氏四十度到五十度之间，一般须连瓶事先冰凉后再使用，饮用时，毋须在酒中加冰块。

② 红葡萄酒。味带苦涩，苦涩可以去油腻，配合肉质纤维较粗的牛肉、羊肉、猪肉、鸭肉等。温度应保持在华氏六十五度到七十度之间，其酒精成分与白葡萄酒大略相同。

③ 香槟酒。香槟酒是在最后一道菜或点心、甜点、水果后上桌。温度应保持在华氏四十度到四十五度之间，酒精成分约在十度到十五度。启用方法比较特殊，一般应请有经验的服务员开启，服务员在斟酒时，酒瓶应该以餐巾包裹之。

◎ 餐后酒

用餐完毕后，在上咖啡或茶时，即可以用餐后酒，用来化解油腻。餐后酒一般有白兰地、康雅克等。

◎ 酒与酒杯

每一种酒需要配置一个不同的酒杯。酒杯通常是摆放在主菜盘的右上方的，按使用的顺序从右到左摆放，有时也会从左到右。使用时，主要看服务员往哪个酒杯里倒酒，你就拿哪个酒杯喝酒，不过，有一点需要特别记住：配上一道菜的酒不能在吃下一道菜喝。

> 喝酒用的酒杯通常是有脚的。长脚的玻璃杯子一般是用食指、拇指捏住杯子的下半部分,其余三个手指扶住杯脚来平衡杯子。如果是碗形的带脚玻璃杯,可以用食指和中指夹住杯脚,用手托住杯身。每次喝完酒后,酒杯放回原处。

离席与告退注意礼貌辞行

客人见女主人收起餐巾从座位上站起后,应随着离席。起立后,应将椅子往后拖,从左侧出来,再把椅子略向台桌下推进一点,此时,男宾应帮助女宾把椅子推回原处。餐巾可置放桌上,不必按原样折放整齐。宴会结束后,可视情况与主人和其他来宾再聚谈一会儿,然后适时告辞。

告退的时间不宜过迟或过早。如果自己是主宾,就应先于其他客人向主人告辞。一般来说,主宾用完点心之后,移到客厅,再过二十分钟左右后告辞,一般宾客则不要先于主宾告辞为宜。

参宴后的第二三天,客人可送印有"致谢"字样的名片表示感谢,名片可寄出或亲自送达。如亲自送达未遇着主人时,可将名片左上角向下折,然后再恢复原样,表示由本人亲送。也可通过电话再次向主人表示感谢。

CHAPTER 9

SHANGWU
YINGXIAO
DE
LIYI

第九章

商务营销的礼仪

营销是商务活动过程中最重要的内容。商务营销包括商务广告、导购促销、顾客服务、处理商务纠纷等几个重要环节。在这些环节中，决定成败的要素之一，就是礼仪规范是否运用到位，执行到位。一个成功的商务营销活动，从策划准备到具体实施再到收尾结束，都会把相应的礼仪规范渗透在每个关键的细节上，落实到具体的实际行动上。

一 发布商务广告的礼仪

质量再好的产品，如果不会做广告，就不会畅销。因为，在产品生命周期日趋缩短的今天，消费者购买任何一种商品，都不想使用一辈子。也就是说，商品质量的好坏已经不再是商品能够畅销与否最主要的标准了。为此，企业如果想使自己的商品畅销起来，不仅要多做广告宣传，而且还要努力做好广告宣传。

广告是市场畅销的利器

随着市场竞争的重心由价格竞争向非价格竞争方式转变，广告作为非价格竞争的最重要手段凸现，日益发挥着十分重要的作用。在西方，绝大多数公司都是通过广告来宣传自己的形象和提高自己的竞争力。这些国家的广告费一般要占国民生产总值的百分之三左右，在我国，广告的作用也日益显露出来，越来越多的公司十分重视广告的宣传工作。

广告之所以能够发挥很重要的营销作用，原因有以下几点。

◎ **广告能使产品或服务迅速导入市场**

通过广告宣传能把营销的产品或服务迅速导入市场，并迅速引起消费者的购买兴趣和需求。因此，广告已成为商务营销战中的一支奇兵和劲旅。

◎ **广告具有奇特的心理暗示作用**

广告对人们的购买行为往往具有非常奇特的心理暗示作用。一位女士曾这样说过："说实话，我对于化妆品实际上一无所知。因此，我在决定购买什么样的品牌之前，总是先要研究一下各种广告，翻一翻报纸，看一看电视，对这些广告进行分析和比较以后，心中便稍微有数了，所以购买时也就不盲目了。"由此可见，广告的心理暗示作用还是非常巨大的。因此，若想使商品畅销，实在是应该多花心思，想一下该怎么做广告。

◎ **广告往往具有持久效用**

一个好的广告，往往能够给人留下十分深刻的印象，即使看过或听过的时间已经过去很久，依然会留存在人们的头脑中。而这种印象的存在，往往可以长时期地左右着人们的购买行为。20世纪90年代，广州宝洁公司便推出了一系列的洗发水品牌，从那时候起，中国的消费者便经常受到该公司广告的"狂轰滥炸"。在这种连续的"轰炸"面前，人们不知不觉地便认识了该公司的产品。像洗发水中的飘柔、潘婷、海飞丝和香皂类的舒肤佳等产品的名字，大多已为消费者所熟知。所以时至今日，广州宝洁公司的产品在同类产品中的销售一直处于遥遥领先的地位。之所以会如此,与广告的持久作用分不开。

当然,这种持久作用,取决于宝洁公司神奇的广告战术,是它给广大的消费者留下了深刻的印象。而其他厂家的广告因为有些逊色,所以其产品没有宝洁公司那么畅销。

值得指出的是,如果想要使某种印象持续下去,就必须经常地给消费者以提示,使他们铭记不忘。因为根据人的记忆规律,若想保持对事物的长久记忆,便要使用重复记忆法。因此,若想保持广告的持久效用,仅做几次广告往往是不能达到目的的,必须长期地做下去。实际上,这样做也是非常值得的,因为一旦能使人们长期记住某种产品广告的话,人们便会长期地购买它,因而其产品也就能长期地畅销了。

由于广告具有多方面的作用,因此一个成功的厂商或经销商,就应是一个善于利用广告宣传的人。相反,不懂得利用广告进行宣传,商品是很难在市场上畅销的。

广告创意要不落俗套

在商务营销中,一则好的广告必定是创意新颖,不落俗套,构思巧妙，趣味盎然，令受众目耳一新，为其折服。

广告的创意要新颖、奇特。

所谓新颖，就是在观念上要善于开拓新的思路，特别要防止自觉或不自觉地走回老路上去。

创意的第一原则是"惟陈言之务去"，陈词滥调，仿效抄袭，人云亦云是广告的大忌。当然，学习、吸收国外的一些好的经验是必须的，但是如果全盘模仿甚至照搬，恐怕只会适得其反。同样，没有市场根据、没有商品背景、没有顾客需要的自以为是的创意，也是相当危险的。因为没有几个顾客会懂得那些自以为是的主观创意，一旦脱离了真实生活或是超越了顾客的认知领域，虽有创意却得不到需要性的共鸣，就无法取得社会的信赖，无助于商品的销售。因此，创意一定要立足于明确的市场目标，并保持厂商甚至顾客的高度参与和接触，在供需双方紧密的协调中寻找变化，好的创意取决于好的协调，只有来自商品与顾客之间的深度协调，才能使创意更有机会吸引有效顾客的注意，也让广告更有实质的消费性。

文学作品"贵在创新"，广告作品也是如此。

所谓奇特，就是要敢于想人之所未想，发人之所未发，出奇制胜。日本"松下电器"的蒸汽熨斗广告就很有特色。它把熨斗设计成一部勇往直前的压路机，大标题是：前进！颠簸不平的道路，并配以图画，熨斗所到之处一平如镜。这则广告设计获得了日本第三十九届电通奖。

广告构思要巧妙别致

有了好的创意,还要进行巧妙的构思,使好的创意得到最充分的实现。构思的巧妙,关键是要能出乎意料又合乎情理,这样才能使顾客在不知不觉中接受广告的宣传。

在构思过程中,必须重视商品的不同特性、消费市场与顾客行为的各种信息。当然,最重要的还是必须能够把握整个社会的心态及其对产品的认知程度。在美国,一些广告商深谙现代女性顾客的重要性,迎合现代女性心理的广告便应运而生。

广告效果的好坏直接影响着公司产品的销售和公司的形象,在一定程度上也影响着公司经济活动的成败。公司在做广告时,不应一味地自我推销,以免让人产生被广告牵着走的感觉。因此,广告内容一定要紧扣主题,提供一系列具有高度趣味性、可读性的信息,再辅之以蕴含丰富意念的广告画面和广告用语,借以传达服务公众的企业心声。在广告表现上,要突破性地运用一些创新方式,塑造独特的广告主画面。内容与形式巧妙的结合,既不会降低媒体的格调,也不会冲淡主题,从而达到广而告之,构造强烈气氛的目的。广告不能把握时机,就会事倍功半;看准时机出击,才会大获全胜。事实上,那些细微而且容易被遗忘的商品契机,对公司促销商品可能是最大的机会。

优秀广告的十条标准

中国广告协会广告公司委员会优秀作品评选小组曾制订了十条评选优秀广告设计的标准，它集中反映了广告界对广告设计的最高要求。有如下十条标准。

- 创意独特，立意新颖。
- 主题突出，构思完整。
- 广告定向、定位准确。
- 文字寓意深刻，精练生动。
- 整体效果，简洁鲜明。
- 构图完美，布局严谨。
- 形象真实，生动感人。
- 色彩明朗，构成合理。
- 文字规范，字体易读。
- 技巧熟练，表现力强。

广告定位要因时而变

从更多成功品牌的成长道路来看，广告定位在具有一定稳定性的同时，还必须根据商务营销情况的变化不断地创新。因为社会环境在变、营销市场在变、产品在变、消费者也在变,连竞争对手都在变。

◎ **适应外部的环境变化**

任何公司都是生活在一定的政治、经济、法律、文化环境中的,环境对于公司是一种制约因素,也是一种机遇。广告定位一定要与社会发展相协调,随着社会环境的变化而不断创新,这样才能永远屹立于商业大海的潮头。

美国米克罗啤酒原是美国最大的啤酒厂商——安休瑟公司的明星产品,成为上流社会首选啤酒。但销售达到一定规模之后,销售量逐年下降,原因是社会环境变化之后,米克罗并未跟上步伐,许多年轻人认为"那是父辈喝的酒",从而失去了消费者的支持。于是公司重新调整广告定位,提出了新口号"夜晚属于米克罗",并有针对性地进行宣传,终于重新赢得了市场。

◎ **适应市场条件的变化**

广告的目的在于营销,广告是为营销服务的。因此当营销市场发生变化时,广告定位应该随之变化,广告定位必须根据产品销售市场的变化而重新定位,以便适应不同市场区域的消费者的口味。

万宝路通过塑造牛仔形象定位于健康、潇洒、自由、奔放之男性香烟后,在美国大获成功。但当它以同样的定位在香港市场宣传时却惨遭失败,因为香港文化视牛仔形象为失败、孤独、污垢的象征。因而万宝路只好在香港重新定位于成功人士的香烟,才打开了市场。

由此可见，对于变化较大的市场，广告定位的创新是极为迫切的。这不是我们愿不愿意的事情，而是不同市场要求使然。

◎ 适应公司产品的新特点

在现代市场经济活动中，没有永恒的产品，所以作为推销产品的广告应紧随产品更新换代而实现定位上的创新。从国外一些长盛不衰的名牌来看，其成功的原因一方面与产品不断更新换代、日益追求品质的卓越有关，但很大程度上与广告随着产品的更新不断进行定位创新有密切关系。

◎ 适应顾客群体的变化

21世纪是一个以消费者为导向的时代，消费者的喜好、需求是公司制造产品的依据。即使是产品长期稳定不变，广告定位也应该不断创新，这主要是因为消费者在变，消费观念已从注重产品本身发展到关注产品品牌。也就是说，消费者在购买时往往更注重产品的社会附加功能，因此，广告定位就应该随着消费者的变化而变化，在广告理念上不断推陈出新，以适合广告对象的心态。

◎ 根据竞争对手的变化

定位创新中应注重研究竞争对手并针对其定位缺陷，塑造自身的优势。广告如顽固地坚持原来的定位不放，就会在商务营销竞争中处于被动挨打的地位，甚至最终丧失市场。

总之，广告定位需要随着客观条件的变化不断进行创新，同时也需要根据公司内部条件的变化不断创新。创新是一个公司不断进步、兴旺发达的不竭动力,也是竞争中使公司处于强势地位的关键。

在市场经济中,一种产品如果不能满足消费者的需求,迎合消费者的偏好,似乎注定要被驱逐出市场。但如果公司能够巧妙合理地利用广告宣传,就有可能另辟一条生路,使自己公司的营销出现转机。

定位模糊是广告的大忌

在每天遭到密集广告的轰炸中,百分之七十的广告都在对产品差异化的优质功能喋喋不休地宣传,广告诉求和消费者严重脱节,分不清是以产品为中心还是以消费者为中心。

有的产品花了大量的广告费,但消费者始终不知道该产品是做什么用的。广告传播总是围着公司和产品转,对产品属性传播无限放大,而对消费者的沟通和消费者想获知的信息传递却少之又少。

或者是很多公司为了节省广告开支,降低广告成本,在有限的篇幅（或时间）里，把能说上的（功效、针对人群等）全都罗列上，舍不得丢弃一些卖点。

消费者在观看（阅读）广告时记住的信息是有限的，复杂的广告诉求，难有好的成效。广告中的主观意识占了很大一部分，创意人员往往认为他的创意是最好的。但广告简单地说，应是"找对人，说对话"，如果"你说你的，他说他的"，消费者想听的你没说，而你所讲的，是消费者不要听的，或是听不懂的，广告就这样被无情地淹没了，怎么可能达到理想的效果呢？

在以市场为导向的动态环境中，商务营销要素已发生了很大的改变，传统的产品、价格、分销、促销已经融合为要怎么满足顾客的需求，方便顾客的购买，与顾客建立有效的沟通关系等新的取向。广告的作用已不仅仅是传播产品的属性，而是要实现产品与消费者之间的互动性，成为与顾客进行情感沟通的重要手段与桥梁，在消费者心目中产生必要而适当的共鸣。

二 进行商品导购的礼仪

导购，主要是指当消费者意欲购买商品时，为其进行引导、服务。通常情况下，导购人员应当佩戴鲜明的标志，站立于服务单位大门入口处、总服务台处，或是在服务单位的营业场所内进行走动服务。现代商业的每一位服务人员，都有必要了解必需的导购知识和礼仪要求，并有必要掌握一些基本的导购技术。

要成功地进行导购，至少在接近顾客、争取顾客、影响顾客等三个方面，必须认真地依照服务礼仪要求规范自己的行为。

以接近顾客为导购起点

商业服务工作中的导购，必须是以接近顾客为起点的。如果不能成功地接近顾客，便没有任何成功的机会可以引导消费者的购买。

接近顾客，通常应当讲究方式，选准时机，注意礼节。在这三个环节表现失当，即便在距离上接近了顾客，在心理上也难以同对方真正地接近。

◎ 讲究方式

在服务过程中,导购有其具体方式。要想真正地接近顾客,不注意具体方式的选择,难免会事倍功半。

目前主要流行的导购有两种主要方式:主动导购和应邀导购。二者适用于不同的情况,具体作用也不尽相同。

① 主动导购。它所指的是当导购人员发现顾客需要导购之时,在征得对方同意的前提之下,主动上前为其进行导购服务。它往往既可以表现出对顾客的重视之意,又有助于促销。它多用于顾客较稀少之时。

② 应邀导购。它一般是指当顾客前来要求导购时,由导购人员为其提供导购服务。它多适用于顾客较多之时,具有针对性强、易于双向沟通等优点。

◎ 选准时机

在导购过程中,接近顾客的具体时机很有讲究。在进行导购推销时,假如不注意具体时机的选择,自己的主动意图便必定难以实现。

从总体上来讲,下列四种时机,皆为接近顾客对其适时地进行导购推销的上佳时机。

① 顾客产生兴趣之时。当顾客对某一商品或服务产生兴趣时,对其进行导购推销往往会受到对方的欢迎。

② 顾客提出要求之时。当顾客直接要求为其导购,或希望进一步了解某种商品、服务时,最佳的表现应当是:恭敬不如从命。

③ 周边环境有利之时。在气氛温馨、干扰较少的环境之中进行导购推销，往往会有较高的成功概率。

④ 内外形势有利之时。当服务单位在内部、外部形势均对自己有利之时，因势利导地加大导购、推销工作的力度，通常可以乘风破浪，取得较好的成绩。

◎ 注意礼节

导购人员在接近顾客时，必须注意依礼行事，礼待顾客。一般来讲，在接近顾客时，有关服务人员在问候、行礼、自我介绍、递上名片时，必须在礼节的运用上中规中矩。

① 问候得体。在接近顾客之初，务必要首先向对方道一句："您好！"必要时，还可以加上"欢迎光临"一语。在问候对方时，要语气亲切，面带微笑，并且目视对方。

② 行礼有方。导购人员在接近顾客时，通常应当向对方欠身施礼或者点头致意。在一般情况下，欠身施礼与点头致意宜与问候对方同时进行，行握手礼，则多见于熟人之间。导购人员通常不要主动向初次相交的顾客行握手礼，只有在对方首先有所表示时，方可与对方握手为礼。行握手礼时，一般应由顾客首先伸出手来。

对导购人员来讲，与顾客握手时忌戴手套、忌戴墨镜，并且态度要认真诚恳，彬彬有礼地伸出右手，不准轻易以自己的左手与他人相握。

以影响顾客为导购重心

在导购的具体过程中,导购人员与顾客之间,往往是相互发生影响的。因此,导购人员必须明确的是,要想使自己的服务工作有所进展,最重要的一点是要想方设法地对顾客施加一定程度的影响,而不是使自己深受对方的影响。

导购人员所施加给顾客的影响,当然应当是正面的、积极的影响。如能对顾客真正地产生了正面的、积极的影响,肯定会对促进双向沟通及导购推销工作大有裨益。

根据服务礼仪的有关规范,能够在导购过程中对顾客产生正面的、积极的影响的,主要有五个方面的因素。对导购人员而言,可以称之为"影响顾客五要素"。

◎ 诚实服务

在现代社会里,"真""善""美"颇为人们所看重。在服务过程中,尤其是在为顾客提供导购服务之际,服务人员的诚实与否,是深受顾客重视的。只有为顾客诚实地服务,才会真正把自己的导购工作做好。

诚实服务,简而言之,就是要求导购人员对顾客以诚相待,真挚恳切,正直坦率。随着现代化市场的发展,广大消费者知识、阅历正在不断地提高,对其盲目低估,加以欺骗,既非明智,亦非理智。久而久之,不诚实的行径终将遭到回报。相反,导购人员在接触顾客的过程中，如能对对方诚实无欺，则必为对方所信任和称道，使之更加放心地进行交易，甚至会成为"本店常客"。

◎ 信誉服务

有位国外的营销专家指出："信誉仿佛一条细细的丝线。它一旦断掉，想把它再接起来，可就难上加难了。"事实的确如此，对导购人员来讲，信誉确实是自己的生命线。一旦失去了信誉，自己便会失去立足之本。

信誉服务，主要是要求导购人员在服务于人时，必须遵诺守信，说到做到，说话算数，实事求是地处世，实事求是地做人。不允许信口开河，对顾客胡乱承诺，滥开空头支票。

讲究信誉，是做人诚实的基本要求。应当明确的是，信誉虽有大小之分，但二者同等重要。因为任何大的信誉都是众多小的信誉积累而成的，失去小的信誉，就不可能有大的信誉。

讲究信誉，对导购服务来说，"夸"是绝对必要的，而"吹"则不可取。因为"夸"是为了让顾客了解自己的商品、服务好在哪里，能为对方提供哪些便利；而"吹"则是言过其实，虚张声势，毫无信誉可言的。

◎ 情感服务

具有情感，是人类的主要特征之一。情感，一般是指人们对于客观事物所持的具体态度。它反映着人与客观事物之间的一种需求关系。从根本上讲，人们的需要获得满足与否，通常会引起对待事物的好恶的态度变化，从而使之对事物持肯定或否定的情绪。

就其实质而言，导购工作能否取得成功的关键之处，就在于服务人员能否感动顾客。在实际工作中，导购人员的不同情感，往往会导致不同的服务行为：要么是行为积极，要么是行为消极。服务人员应当充分认识到，任何人的情感都是无比丰富的。真挚而友善的情感，具有无穷的魅力和感染力；强烈而深刻的情感，可以促使自己更好地为顾客服务。

以情感服务，主要是要求导购人员具备健康的情感，以便使自己的服务工作更加符合顾客的心理需要。以情感服务，一方面要求导购人员必须具有正确的情感倾向性，即待人必须具有爱心。具体来说，应使自己具有同情与恻隐之心、理解与宽容之心、尊重与体谅之心、关怀与友善之心，等等。并且使之出于真情，发自肺腑。

以情感服务，另一方面要求导购人员还必须具有深厚而持久的积极情感。即在工作岗位上，要将个人情感稳固而持久地控制在有利于服务方面，并不因为自己与顾客双方某种因素的影响而变化无常。

◎ 形象服务

导购工作与有关服务人员的个人形象往往息息相关；而且还间接地对有关的服务单位的整体形象产生一定的影响。因此，在导购的从业人员之中，一直流行着一句名言，叫作"以形象服务"。

以形象服务，就是要求导购人员在面对顾客时，必须树立起良好的个人形象。在个人的仪容、仪态、服饰、谈吐和待人接物方面,既要注意自爱,又要注意敬人。总的来讲,成功的导购人员,应当给人以文明、礼貌、稳重、大方的、良好的第一印象。在导购工作的具体过程之中,它往往会成为一个重要的双向沟通的基础。无论从任何一个方面来讲,个人形象欠佳的导购人员,都是难以为顾客所接受并信赖的。

以形象服务,还要求导购人员在自己面对顾客时,应当着力维护自己所代表的单位的形象。一个成功的服务单位,留给其顾客的整体形象,理当是热情待客、优质服务、管理完善、言而有信。服务单位的整体形象,在实践中往往具体体现于服务人员的所作所为之中。

◎ 价值服务

顾客持币购买商品、服务时,首先希望的是物有所值,这是一种普遍的心理状态,也是经济生活中等价交换规则的具体体现。对导购人员来讲,物有所值,应当成为其做好本职工作的正确的、基本的导向。

以价值服务,主要的要求是,在导购工作的具体过程之中,必须使顾客了解清楚被推介的商品、服务的真实价值,使之认识到自己即将做出的购买决策是物有所值。

以价值服务,一方面要注重商品、服务的使用价值。一般来讲,顾客所购买的,主要是"需要的满足",所以在推介商品、服务时,其着重点应当是使用价值而不是它们本身。从现代科学的角度来看，使用价值有物理性使用价值与心理性使用价值之分。前者指的是纯物质性的使用价值，后者则是指消费者在心理上、精神上的要求。导购人员在介绍使用价值时，正确的做法应当是二者并重，并且适当地向后者加以倾斜。

以价值服务，另一方面要注重价格，价格是价值的具体表现形式。在不少情况下，价格往往会成为导购、推销工作的一种主要障碍。导购人员除了要掌握价格情况之外，应有意识地避免过度地讨价还价，而是应以强调商品、服务的自身价值、完善的配套服务为自己的着重之点。

以争取顾客为导购目的

服务人员在具体从事导购工作的过程之中，必须在热情有度、两厢情愿的前提下，摸清顾客心理，积极见机行事，以适当的解说、启发和劝导，努力争取顾客，以求促进双方交易的成功。

争取顾客，不仅需要全体服务人员齐心协力，密切配合，而且要求每一名服务人员都要善于恰到好处地运用必要的服务技巧。

具体来说，进行导购工作时如欲有效地争取顾客，通常需要注意以下四个方面的问题。

◎ 现场反应敏捷

在争取顾客时，导购人员必须做到观察入微，反应敏捷，及时地根据现场的实际情况，来调整自己的相应策略。在争取顾客时，手法上"千人一面"，策略上"以不变应万变"，其效果难免微乎其微。

要做到在现场反应敏捷，通常要求导购人员必须尽量做到如下"六快"。

·眼快，主要是要求看清楚顾客的态度、表情和反应。

·耳快，主要是要求听清楚顾客的意见、反映和谈论。

·脑快，主要是要求对于自己的耳闻目睹做出准确而及时的判断，并且迅速做出自己必要的反应。

·嘴快，主要是要求回答问题及时，解释说明准确，得体而流利地与顾客进行语言上的沟通。

·手快，主要是要求在有必要以手为顾客取拿、递送商品，或以手为其提供其他服务、帮助时，又快又稳。

·脚快，主要是要求腿脚利索，办事效率高，行动速度快。既显得自己训练有素，又不会耽误顾客的时间。

◎ 摸清顾客心理

在导购推销之中，顾客的心理活动十分复杂，但绝非变化叵测。导购人员若能对自己所服务的顾客的心理活动多上一分了解，成功的把握往往便会多上一分。

如欲取得导购的成功，在摸清顾客的心理活动方面，通常必须要去做以下四件事情。

① 促使顾客加深认识。许多时候，顾客往往会对自己所感兴趣的某些商品、服务心存疑虑。在此情况下，导购人员即应尽量地向对方提供更为详尽的有关资讯，例如，有关商品或服务的明显特点、主要性能、基本用途、价格优势、使用方法、制造原料、销售情况、售后服务，等等。以便促使顾客早做决断。

② 促使顾客体验所长。导购应为顾客创造一些直接接触目标商品、目标服务的机会，比如请对方对商品、服务试穿、试戴、试用、试看、试听、试尝、试玩，等等。

③ 促使顾客产生联想。在导购的具体过程里，有关的服务人员可根据具体对象的不同，从商品或服务的命名、内质、包装、造型、色彩、价格、知名度、消费圈等方面，适当地揭示其某些迎合顾客购买的心理需要的相关寓意或特征，提示商品消费、服务享用时所带来的乐趣与满足，借以丰富顾客的联想，使其产生未来因进行消费而获得心理满足的美妙憧憬，满足其追求美好事物的心理欲望。

④ 促使顾客有所选择。为了避免顾客在购买商品、服务时对其质量、用途、价格、售后服务等存在心理障碍，导购人员最好要为对方多提供几种选择。例如，可取出一定数量的商品由其自行比较、挑选，或者将自己正在进行推介的服务与其他同类服务进行比较。这样做，一方面可以大大地增强顾客对于自己的信赖，另一方面也可以帮助对方进行思考，满足顾客反复权衡商品、服务利弊的心理需要。

让对方直接体验有欲望购买商品的长处与优点是非常必要的。这种做法，通常可以加强对顾客感觉的刺激，促进对方对商品、服务实际效用的认识，达到启迪对方之目的。

◎ 临场反应机敏

进行导购服务是一项十分复杂的工作。尽管有关这一方面的礼仪规范和岗位要求非常详尽，但是对实际从事这类工作的服务人员来讲，最重要的是应当做到在面对顾客之时胸有成竹，随机应变，争取变被动为主动。

临场反应机敏，要求导购人员既要自己具备良好的个人素质，又要善于观察、了解顾客。除此之外，在具体推介商品、服务时，也要注意机动灵活。通常，如能注意做好"四先四后"，则必定会对自己的工作有一定程度的帮助。

·先易后难。推介商品、服务，应当首先从顾客容易理解之处着手，然后逐步由浅入深，提高其难度。

·先简后繁。推介商品、服务，应当首先从其简单易解之处开始，然后逐渐由简而繁，渐渐地向其繁杂之处过渡。

·先急后缓。推介商品、服务，应当首先从顾客急于了解之处开始，然后逐渐向对方当初并不急于了解，但又十分重要的方面挺进。

·先特殊后一般。推介商品、服务，应当首先从其独特之处开始，然后逐渐地再介绍其较为一般之处。

三、商品促销的礼仪

每个企业自然都希望在使用促销手段时，用最低的费用去实现最大的效益。这种愿望对那些财力很有限、又急于打开市场的小企业尤其显得强烈。尽管大家的希望都是一样的，但实际的结果却有很大的差异，那么为什么有的企业能够取得成功，有的却不能呢？这里当然与企业所处的环境以及自身的情况有关。但是，这与他们掌握促销技巧的状态更有关系，也与他们讲究促销礼仪有关。实践证明，但凡在促销上取得成功的企业，都在以下几个技巧方面有出色的表现。

把握成功促销的共同特征

◎ 充分展示商品的品牌价值

为商品打开市场占领市场，最基本的还是要在公众心目中创出牌子，就像一提到咖啡，大家就自然联想到"雀巢"一样。所以在公司组织的各种名目的促销活动中，都应该利用一切机会和场合向公众展示和灌输自己商品的品牌，塑造自己的形象。大多数促销活动都是针对解决公司眼前的问题而组织的，似乎与商品品牌的宣传没有直接关系。但是近些年来，许多公司逐步改变了这种传统的认识，开始把自己组织的促销活动和品牌的宣传结合到了一起。

◎ 努力发明促销"专利"

在日常生活中，有些广告的画面或用语在瞬间给人留下很深的印象，使人长久不忘并很快在社会公众中流传开来。这样的广告显然能够达到最佳的宣传效果。而要取得这样的成功就要不断寻求创新，通过创新，使广告的画面或用语自然成为某种商品的"专利"。比如像"味道好极了！"这样的广告词人们一听到它首先想到的就是雀巢咖啡。发明促销"专利"的最大好处是，它创造的促销形式在人们的心目中形成了与某种商品的牢固联系，似乎这个形式非该种商品莫属。一旦达到了这种程度，就会产生两个效果：一是令别的竞争者无法效仿，形成有效的促销形式的"垄断"；二是延长促销有效性的时限，使有限的投入发挥最长期的效果。

◎ 尽力采用新颖的促销形式

促销活动要达到最好的效果，就必须对社会公众有强烈的吸引力。而要做到这一点，就必须在促销组织中避免使用那些内容平淡、形式单调的做法，尽力采用有新意、有趣味的促销形式。目前，就市场促销而言，常被使用的基本方法就那么几种，但是，每一种基本方法在长期的运作中已经"衍生"出越来越多的、富有新意的具体内容。所以公司在决定使用某种基本方法之后，就应该广泛而深入地挖掘自己的想象力，尽力去寻找更有独创性的做法。

要紧紧扣住社会时尚，首要的是要透过纷繁的社会现象，敏锐地发觉社会时尚，特别是发觉这种时尚的精髓；其次是将这个时尚融入正在开始的促销活动中，使活动带有鲜明的时尚色彩。

◎ 紧紧扣住社会时尚

社会时尚经常表现为社会公众在某一时期内对某种事物的强烈的兴趣和特别的爱好。随着社会形势的变化，这种时尚也在不断地发生着变化。当促销活动处在不断变化的社会形势中时，为了在短短几周的活动期限中取得较佳的效果，组织者就必须仔细体察、紧紧扣住此时此刻的社会时尚，使自己的促销活动能和公众当前最感兴趣、特别爱好的事物结合起来。

◎ 采用朴实无华的促销形式

促销活动要取得成功，有新意是很重要的，这种新意应该不仅体现在形式上，更应该体现在内容上。有些促销活动只是追求"包装"上的花哨，似乎只有嘈杂喧闹的气氛才能招徕顾客的注意和兴趣，而在活动的内容上却没有下什么功夫，不能给顾客带来什么真正的乐趣和利益。这样的活动充其量只是热闹一阵子，对公司的长远发展不仅产生不了什么实际效果,而且还有损于公司的形象。组织朴实无华的促销活动就是要通过形式高雅、内容丰富的促销活动,既给顾客带来视觉或听觉上的享受,又给顾客带来实际利益上的享受。

上面五条是每个取得成功促销的企业所共同具有的特征,它们归结到一点就是脚踏实地、刻意创新。大量实践经验表明,只要在组织促销活动时,努力沿着这个方向去做,就一定会在促销工作中取得巨大的成功。

制定几种有效的促销策略

策略是成功促销的命脉所在,不讲策略的促销是实现不了既定目标的天桥把式——耍花架子。下面介绍几种有效的促销策略,供大家举一反三,创造性地运用。

◎ 出奇制胜的促销策略

按照某种习惯性的方式去考虑问题,这叫作"思维定势";按照某种习惯性的方式去处理解决问题,这叫作"行为定势"。在出现特殊情况时,思维定势和行为定势往往会妨碍人们找到解决问题的新方法,而倘若采用非思维定势的创造性思维,却往往会产生出异乎寻常的效果来。

在经商方面,运用非常规性思维,抛弃定势思维,制定一些出奇制胜的策略，往往能取得异乎寻常的良好效果。孙子说："良将思计如铠，所以战必胜攻必克也。"要能在激烈的市场竞争中战胜强敌，推销人员就必须开动脑筋，用自己的智慧积极思考新奇的计谋，只有出奇制胜才能有所建树。

◎ 厚利适销策略

在商品标价定位上，人们没少听过"薄利多销"的说教。其实，在实际操作中，这种手法并不是一成不变的。根据你的商品特性和市场承受能力，你的价位应该找到其合理的标码，才能使你的营销不偏离自己的赢利初衷。比如当你的商品是针对富人的时候，你的薄利多销策略就行不通，反而会吃力不讨好。

"厚利适销"的营销策略，是以有钱人作为着眼点的。既然是富裕者，他们付得起高价，又讲究身份，对价格就不会那么计较。相反，如果商品定价过低，反而会使他们产生怀疑，俗语说"便宜无好货"，富有者对这句话印象最深。精明的商人就是善于这样抓住消费者的心理，开展厚利策略经营，即使经营非珠宝、非钻石首饰商品，也是采用高价厚利营销策略。

美国最大的百货公司之一梅西百货公司，由于它地处繁华市区，富人也较多，于是，商店经营的商品大都是名牌货，在质量信誉有保障的前提下，它出售的日用百货品总要比其他一般商店同类商品价高百分之五十，它的生意仍然做得比别人好，这无疑是抓住了上述消费者的心理效应而做的明智之举。

"厚利适销"策略实际上是营销学中定价策略的一种,这种促销策略若能运用得当,定会助你一臂之力。

◎ 有奖促销策略

有奖促销作为一种促销策略,经常为企业所采用。但要成功运用此策略,就必须对经营范围、商品特性、市场状况等诸多方面进行深入地调查和深刻地分析,同时还要符合有关法律法规的要求。确定有奖促销计划时需要做大量翔实的、科学的可行性论证,并且从宏观计划上和微观操作上都应考虑周密,否则将会出现事与愿违的结果。

一般来说,有奖促销策略比较适合中小型企业用来促销,但须注意,奖品及奖额的大小,以及参加资格力求简易,这样才能吸引消费者热情参与,进而提高购买力,增加你的营业收益。

老汉巧卖甜桃

无锡是中国著名的"无锡水蜜桃"的出产地,时值水蜜桃上市季节,集市上到处都是一筐筐、一篓篓熟透了的桃子。突然,在一片"甜桃!""甜桃!"的叫卖声中有人大叫"酸桃!""酸桃!"人们听到这老汉吆喝得与众不同,围拢到老汉的桃摊前。只见老汉指着桃说:"酸不酸,一尝便知,先尝后买,不甜不要钱!"

说完,老汉拿起一只桃请一位顾客尝一尝,那位顾客尝了一口连声赞道:"真甜!真甜!一点儿也不酸!"大家听他这么一说,个个都争先购买。

> 不一会儿,老汉的两筐桃就卖完了。再看看其他桃摊,尽管卖桃人一声高过一声地大叫"甜桃",但却生意清淡,很少有顾客问津。

推出创新的促销方法

在实际操作过程中,有许多成功的促销方法不单单是哪一种策略或战术的体现,但它们的确成功了。下面就介绍一些千姿百态的促销方法,供促销时参考。

◎ **免费送样品促销法**

免费送样品是一种既直接又有效的促销术,但在运用上却有条件的限制。通常,一种新产品拥有明显的产品差异或特性时,或是旧产品改变新包装、新口味、新效能时,较适合以样品赠送来获得消费者的认同。在日常生活中较常见的实例,以日用品最多,其次是食品。一般执行免费样品促销时,最重要的是送出方式。

· 定点分送。如果你经常逛街,便会在百货公司门口或超市入口处常常看到或拿到免费赠送的样品,如洗发乳、漂白水、卫生棉等。

· 逐户投递。将样品逐户投入信箱,以利消费者方便取用。

- **邮寄样品**。依名单将样品以邮寄的方式直接送给消费者,但必须考虑样品是否适合邮寄。
- **广告截角赠送**。在产品刊登广告时,强调免费样品供索取的讯息,消费者只须填妥广告上的资料卡,并剪下寄至厂商,即可获得样品,或凭此至零售店换领样品。
- **零售点分送**。免费由零售点外送出样品,或将样品视为小包装商品,标价出售。
- **商品附赠**。将样品附于一般商品上,当赠品送出。
- **媒体分送**。利用报纸或杂志分送各订户的便于将样品送至消费者手中。目前较常见的是将样品夹报送出。

◎ 包装促销法

包装促销法,就是凭借某些特殊的包装而使得产品显得较为突出,从而增加销售量,实现企业利润。包装是企业产品的外表,良好的包装可以树立产品的良好形象,给消费者以美的享受,在市场同类产品竞争激烈的情况下,这种方法效果更佳。例如你现在到超市的日用品柜台,处处可见面巾纸、洗衣粉买十送一、买二送一的广告,商家在包装时已经将赠品包装在其内,这样也给了消费者以实在的感觉。

包装促销的方式可分为包装内赠送、包装外赠送、包装上赠送和利用包装赠送等方式。此外,商家还须明白包装促销的效果具有长期性,不可能迅速产生效果。消费者购买产品使用后,包装促销的效果才能显示。在实际运用这种方式时,商家如能与其他促销方式结合使用,效果会更好。

◎ 示范促销法

示范促销即通过现场的示范表演,来促进产品销售。

德国某厂家生产了一种能防止眼镜片因热起雾的去雾剂。为推销此产品,他们除了大做广告,还在一些商店里作现场示范表演,见有戴眼镜的顾客,就请他试一试,抹上去雾剂,擦净后喷上水蒸气,镜片仍然明亮如故。顾客看了表演,懂得了使用方法,并直接看到效果,由此,产品销量大增。

◎ 票券促销法

票券促销主要指优惠券促销。优惠券是一纸证明,持有者用它来购买某种特定产品时可少付些钱。

有数据表明,美国百分之九十五以上的小商品公司,都使用赠送优惠券的办法,三分之二的消费者在日常购物中使用优惠券。在我国市场上,各种优惠券也逐渐增多。优惠券的发放,可以是直接送发,也可以邮寄,还可以包进其他产品内或附在其他产品上,还可以刊登在杂志和报纸广告上。除优惠券促销外,还有其他票券促销,如招待票、特别供应证等。

◎ 馈赠促销法

馈赠促销是以较低的代价或免费向消费者和销售商提供一定物品，以刺激其购买或销售某一特定产品，其形式多种多样。一是附包袋赠品，即将赠品附在产品内（包装内附赠品），或附在包装外面（包装外附赠品）。如果包装物可以重复使用，那么包装物也可起到赠品作用。二是免费邮寄赠品，即消费者交还诸如盒盖之类的购物证据，就可获得一份邮寄赠品。三是自我清偿性赠品，即以低于一般零售价的价格，向需要此种商品的消费者出售的商品。四是根据经销商的销售额或消费者的购买量，赠予一定价值的物品。

在我国，馈赠促销的例子比比皆是。饭店赠送给顾客打火机、小手绢等小物品，有时还会赠送两道菜，以期顾客再度光临；商场给购买者有关票据，累积一定数量后，可赠给某种礼品，等等。

◎ 顺潮心理促销法

顺潮心理促销就是通过对社会时尚变化的分析，迎合社会热点的需要和顾客追赶时髦、潮流的心理进行销售。重大的政治事件、社会活动、体育运动、喜庆节日，乃至某些社会现象，都会引起消费者对某一产品的购买欲望。聪明的制造商总是不失时机地抓住这些机会促销产品。

◎ 方便销售法

所谓方便销售，就是在销售产品的过程中，尽量为顾客提供搬、运、包装、配套、维修服务之方便，以促进销售。日本东京有一家销售化妆品的公司，为了推销产品，这个公司成立了许多由推销员和美容师配对组成的"流动美容院"，挨家挨户对用户进行"出诊"。美容师为顾客检验过皮肤属性后，将检查情况记录在美容调查卡牌上，然后郑重、权威地向顾客推荐适合其皮肤的化妆品。接着，推销员则详尽介绍本公司各类化妆品的性能特点。待用户买下化妆品后，美容师每个月上门访问一次，既补充化妆品，又短时间美容。这样，对用户来说，不用出门，坐享其成，既买了产品，又接受服务，等于不花钱就请了"家庭美容师"，感到极为方便，公司也因"流动美容"拉住了一批长久的用户，大大开拓了产品销路。

◎ 还本促销法

所谓还本销售法，即销售单位在售出商品时，出具一定的信用凭证（如售货发票、银行代办手续等），若干年后将此商品销售款的全部或大部分退还给顾客。这种销售方法，能引起消费者浓厚兴趣，迅速回笼资金，比较适用于家用电器等高档商品的销售。但作为企业，一定要考虑偿还能力，慎重使用，作为消费者，一定要辨明真伪，谨防上当受骗。

◎ 随货附赠促销法

购买商品时，所获得的随货赠品，对消费者而言，是最直接、实际的好处，往往能起到很大的促销作用。因此，许多厂商喜欢随货附赠，几乎年年不断，消费者也对赠品产生期待。此种促销方式，确实既简易又效果显著。通常有以下三种附赠方式。

·**包装上赠送**。将赠品放在产品包装上,以收缩膜或胶带结扎在一起。如:雀巢奶粉针对儿童所好随罐送忍者神龟,大受欢迎。

·**包装内赠送**。将赠品放在产品包装内,或是与产品结合。目前较成功的范例有:食品内附小玩具、小贴纸,以吸引小朋友搜集。

·**包装外赠送**。所赠送的赠品并未与该商品包装在一起,而是分开装置,由零售点赠送。虽然处理上有点麻烦,但因赠品具有选择性,价值也较高,很受消费者欢迎。家电产品常采用此种促销方式。

营销学专家指出,新奇的促销方法具有创新性,是促销制胜的锐利武器。

国外商家新奇的促销方式

促销面对的是千差万别的个体顾客,这就需要因人而宜,因情而宜地实施多种多样的具有针对性的促销方法。人都有好奇心理,新奇的促销方法往往能打动顾客,唤起强烈的购买欲。

◎ **生命式促销**

美国强生玩具公司是美国幼儿玩具行业中第二大制造商。儿童从呱呱坠地那一天起,儿童制造商就找上门来带来儿童玩具样品与儿童父母签约,伴随儿童成长,按约每隔十五个月送上一个适合这个时期儿童玩的玩具。随着儿童年龄的不断增长,儿童对玩具兴趣的扩大,这个公司推销人员再向儿童父母根据儿童本人喜爱，推销其他玩具。这一推销过程很像生命的延续，强生玩具公司做这样的生命式促销很在行。

◎ 谦让式促销

英国米凯尔公司，让促销员带着产品样本，上门同顾客签订"绅士协定"：公司负责送货，到期收取货款；在这期间，货价调高，一律不补，货价调低，按时价结算；若顾客嫌商品质量不好，公司负责更换或赔偿。如此优惠，体现了英国人所崇尚的谦让风度。

◎ 魅力式促销

美国格莱汀公司的克利曼太太，在促销产品时独具特色，既有"标准的女人""高贵的女人"风度，又有"拉家常似的谈生意"的质朴，由此凝成的魅力，几乎所有的经销商都为之倾倒，并且在敬慕中成交生意。这就是美国人"要使自己吸引别人"的生活情趣在促销术上的巧妙运用。就是男士促销员，也是如此。

◎ 凯旋式促销

法国的莱克食品公司，不设门市部，由一批促销员专门打听有钱人家的生意、婚嫁、待客、探亲、访友等日期及其社会关系，逐一上门，呈送礼单，敬候选购。如此周全服务，家家为之动情。以某一富翁的生日为例，在数千种的祝寿礼品中，该公司售出的礼品，竟占92%。

◎ 聚会式促销

在比利时，一些公司的促销员，通过家庭主妇的邀请，聚集诸亲朋好友，开家庭促销会。会上，促销员介绍商品，示范表演，来客试吃、试穿、试用，还穿插一些游戏助兴。在这种亲切和谐的气氛中促销商品，所有的来客都能或多或少地买一点。

◎ 祝贺式促销

荷兰的一些高级华人餐馆，用电脑将每位有潜力的客人资料记录下来，每逢节日，顾客生日或即将推出新菜式时，都向顾客寄信祝贺或介绍情况。收信人往往受宠若惊，对餐馆留下深刻印象。这样，再次上餐馆时，首先想到的自然是那家了。

◎ 娱乐式促销

上海市百一店，为了促进消费，吸引消费者，别出心裁地在宽敞的大厅中央竖起一个高大的电视屏幕，为消费者提供一个KTV，随意演唱。这样既听歌又做生意，大家在优美的歌声中购物，心情愉快，娱乐味极浓，从而使销售额有了极大增长。

四 顾客服务的礼仪

没有客户就没有市场,对于商务营销来说,"和气生财"是经营的准则,"客户第一""客户满意"则是现代企业从事商务营销的信条。商务营销是一门将商品出售给顾客的艺术,这门艺术水平的高低,则取决于企业以什么样的服务来满足顾客的需要。企业应该永远坚持服务至上的理念,并以此作为商务营销的基点。

树立以客户为中心的服务理念

如果说质量是产品竞争的基础,价格是产品竞争的核心,促销是产品竞争的条件,那么服务则是产品竞争的保证。现代科学技术和现代化大生产的发展,使不同公司的产品在物质形式方面差距很小或几乎不存在什么差距,故而要与竞争对手拉开差距,吸引顾客购买本公司的产品,就只有牢固树立客户服务理念,制定有效的客户服务制度,提供真正的优质服务,使产品的整体功效得到良好发挥。

以客户为中心,仅仅停留在口头上讨论如何改进对待顾客的方式上是远远不够的，必须制定公司的宗旨和可行的计划。这些计划应从最高层管理者开始实行，最终渗透到企业的各个部门。

颇有声誉的云南孔雀纸品公司，客户服务水准之高，被业内人士广为传诵。公司的客户服务业绩得益于一个简单而特别的好方法，就是由公司出钱，让员工到其他商店购物，买的东西可以自己留用，但要填写一份报告，说明自己感到满意和不满意的地方。公司就根据这些报告，在会议上进行各方面的检讨，目的只有一个，就是尽量提供给顾客真正想要的服务。

树立以顾客为中心的客户服务理念是决定一个企业生存发展的重要因素，但是，要真正做到以顾客为中心，就必须真正按顾客的需求提供服务，而不是仅仅通过广告的轰动效应去吸引顾客。

树立以顾客为中心的客户服务理念的真谛可以包括以下几个方面。

◎ **排除客户服务障碍**

在进行服务改善时，往往会遇到一些障碍，有的障碍来自一线员工，有的来自中层主管，有的来自本已僵化的企业文化。不论是谁或何时造成的障碍，请记住一句话："没有什么是不能改善的，差别只在做与不做。"

比如说客户到一家百货公司购买一种特别罕见的产品，这个公司根本没有存这种货，但是客户又特别需要，这时候怎么办呢？我们可以这样来处理问题，先让客户等一下，然后与其他公司联系，看看有没有这种商品，如果有，可以派人到那里替这位客户把东西取来，当面交给客户，并说明原因，使问题得到圆满解决。这样一来，就可以拥有这个客户和他的亲朋好友了。

为客户服务，没有说"不"的理由，只有尽力为客户解决问题，真正关心每一位客户的义务。当公司真正做到关心每一位客户时，就一定能够扫除任何服务的障碍，即使由企业文化、行为习惯造成的障碍，也一定可以克服。

◎ 客户服务的根本问题

客户服务需要整合公司的有形资源和无形资源，才能够构成一套完整的客户服务系统。在协助公司设计服务系统之前，需要注意下面三个问题：

- 界定客户服务优劣的标准是什么？
- 影响客户服务表现的关键因素是什么？
- 客户期望获得的服务是什么？

界定服务水平的标准，必须建立在客户的认知上。因为服务的对象是客户，客户的感受才是最直接、最重要的。要重视客户的感受，企业的服务必须要求最高水平。但实际上，许多企业规划客户服务系统的时候，完全是站在企业的立场上，从未想到过客户。例如，俱乐部在会员交纳会费之后，还要事事收钱；KTV老板只顾自己赚钱，防火设施甚至不符合最低标准，等等。

至于客户所期望的优质服务是什么？了解起来并不容易，许多公司都曾进行过"客户满意度"调查，但调查本身受限于许多因素，如问卷设计、预设立场、涵盖面等，只能看出部分事实，未必能呈现客户期望的全貌。要了解客户期望的服务究竟是什么，平时就要细心向客户请教，耐心地听取客户的意见，并且据此树立明确的以客户为中心的客户服务理念，拟订相关的改善做法，然后付诸行动。

影响服务的关键因素是人，特别是一线员工，他们面对客户时，在关键时刻处理应付，会直接影响到客户满意与否。但有些公司竟然不知如何训练员工，连最基本的单位介绍也没有做，就把员工送到服务第一线，可想而知结果会是什么情况。

实施客户满意服务的策略

企业之所以实施客户满意的服务战略的根本目标，在于提高客户对公司商务营销活动的满意度。而要真正做到这一点，则必须切实可行地制定和实施如下关键策略。

◎ 塑造"以客为尊"的经营理念

"以客为尊"的企业服务经营理念,是服务客户最基本的动力,同时它又可引导决策,联结公司所有的部门共同为客户满意的目标奋斗。比如美国新港造船和码头公司的创办人杭亭顿之所以成为市场的大赢家,就是因为他认识到一个重要的事实:"以客为尊"是一家企业欣欣向荣的基本要素。麦当劳成功的要素也是它始终重视客户,千方百计让客户满意。

◎ 开发令客户满意的产品

客户满意战略要求公司的全部营销活动都要以满足客户的需要为出发点,把客户需求作为公司开发产品的源头。所以公司必须熟悉客户,了解用户,即要调查他们现实和潜在的要求,分析他们购买的动机和行为、能力、水平,研究他们的消费传统和习惯、兴趣和爱好。只有这样,企业才能科学地顺应客户的需求走向,确定产品的开发方向。

◎ 提供令客户满意的服务

热情、真诚、为客户着想的服务能带来客户的满意,所以企业要不断完善服务系统,以便利客户为原则,用产品自身具有的魅力和一切为客户着想的体贴去感动客户。售后服务是厂商接近消费者的直接途径。它比通过发布市场调查问卷来倾听消费者呼声的方法要有效得多。

◎ **科学地倾听客户意见**

企业实施客户满意战略必须建立一套客户满意分析处理系统,用科学的方法和手段检测客户对企业的产品和服务的满意程度,及时反馈回公司管理层,为企业不断改进工作,及时、真正地满足客户的需要服务。目前,很多国际著名公司都试图利用先进的传播系统来缩短与消费者之间的距离。美国的日用化工产品公司首创了"客户免费服务电话",客户向公司打去有关产品问题的电话时,一律免费;不但个个给予答复,而且进行整理与分析研究。这家公司的许多产品改进设想正是来源于"免费电话"。

21世纪是以服务取胜的时代,这个时代企业活动的基本准则应是使客户感到满意。不能使客户感到满意的企业肯定没有立足之地。在信息社会,企业要保持技术上的优势已越来越不容易,企业必须把工作重心转移到客户身上。

在客户满意的服务理论中,为建立客户满意系统而进行的客户满意调查,需要通过客户满意级度和客户满意指标来进行测量和评价。客户满意级度是客户在消费了企业的产品或服务之后所产生的满足状态的等级,通常分为六个级度,即很不满意、不满意、不太满意、一般、较满意、很满意。客户满意指标是指用以测量客户满意级度的项目因子或属性,如企业产品的客户满意指标,可以概括为七项：品质、数量、设计、时间、服务、价格和品位。企业服务的客户满意指标，可概括为六项：绩效、保证、完整性、便于使用、情绪、环境。

对客户的要求作出快速反应

竭尽全力为客户的一个重要表现就是对客户的要求作出迅速反应。那么，怎么才能尽力做到这一点呢？

一是当企业不能对客户要求作出迅速反应时，就可以从细小的礼仪要求着手，优化客户直接接触的方方面面，改变客户对企业的印象。笑迎宾客，有办事能力，对客户要求反应敏捷，如：一小时内回客户电话，二十四小时内对电子邮件、传真或书信做出接收确认，要为客户提供咨询服务，保证客户得到更新信息，言而有信，绝不拖延，这些看似微小的方面，都会给客户留下深刻的印象。

二是企业应当了解客户需要什么，依据客户的意见调整经营方向。注意向客户提出询问，认真倾听客户的声音，按客户的想法办事；一旦采纳了客户的意见，就要严守信用。企业还应走到客户中，发现他们需要多么快速的反应以及应当怎样反应，将各种有代表性的意见加以整理，以利于以后改进公司的服务质量。

三是在必要的时候，可以改进企业的工作。扩大下属的决策权，提高对客户作出反应的速度。要仔细检查那些使反应过度降低的工作过程，设法减少决策层次，扩大下属的自主权和责任。组建"快速反应部队"，和它的成员面谈，阐明公司的目标，并共同制定各小组协同工作的基本准则，制定明确的时间表，并且要定好期望值。允许他们独当一面，实现所需的期望值，允许他们进行创新。公司要做的工作也包括检验工作成果，以决定对他们的奖赏。

当然，在改进企业的工作前，需要探讨客户是如何知道企业的部门的反应的。客户得到反应的途径可能有询价、定购、账目结转、产品退货、服务投诉等。聘请顾问人员测试这些途径，会使公司得到客观的观察结果。可以依靠合作单位或本企业的员工来帮助解决这些存在的问题。在掌握测试的基础上，公司就可以提出改进为客户服务的建议了。

为了保证对客户要求作出快速反应，要向企业的每个员工讲明它的重要性，并让每个员工看到自己在这方面的重要作用。在讲解时，务必要使用通俗易懂的话，不要说一些生僻的术语——哪怕它很时髦也不要说。

企业需要向最优者学习。最优者可能是提供优质服务而享有名气的竞争对手，也可以是公司中的其他部门。认真地研究、学习他们的长处，并运用到为客户提供快速服务中。

当"上帝"的需求满足时，企业又会在激烈的竞争中前进一大步。

04 开展个性服务、专场服务、灵活服务

有家绸缎公司，并没有坐落在繁华街道，但却对客户有着很强的吸引力，每年接待海内外客户10万人次，甚至连许多国家驻华使馆官员及其家眷也成了这里的常客。

那么，这家公司何以能够这样吸引人？该公司王总经理说，他们商行靠的是开展个性服务、专场服务、灵活服务。有一位香港女士，来到公司点名要买一件锦缎棉袍，领略一下20世纪30年代的风韵，虽然这种棉袍早已在市场绝迹，可是，公司还是马上找老师傅剪裁制作，一周后，就把棉袍送到了她手里，令那位女士又惊又喜。

一位智利小姐在华结婚，来到公司要办一套中式传统嫁衣，包括女子大棉袄、中式裤、软底绸面绣花鞋以及梅花报春的织锦缎被和大红绸缎的鸭绒枕，公司及时为她办好了所要的一切，把她打扮得真像一位中国传统的新娘子，使她喜气洋洋。

公司本是订于晚上七点停止营业，有一天傍晚六点五十五分，四位意大利客人来到了公司，其中有一位是雄踞世界歌坛的歌唱家。四位意大利客人仔细观看和挑选商品，服务员耐心地为他们介绍商品，一直忙到十点多，超过下班时间三个多小时，四位意大利客人感到过意不去，

连连道谢，歌唱家激情难抑，最后在公司为十几位服务员演唱了一曲《我的家园》，作为他对营业员们热情服务的赞扬和报答。

这家公司确实是把客户看作"上帝"了，千方百计地吸引客户光顾，克服困难满足客户的要求。公司的"个性服务"，使得那些对于布料和服装有着特殊要求的客户，在这里都能够满足自己的愿望，因而凡有特殊要求者都会踊跃光顾该公司，衷心感激该公司。该公司的"专场服务"，使得某个方面的人士同时集聚该公司，他们在这里可以欣赏和购买自己特别感兴趣的各种商品，因而他们会对该商场倍感亲切，即使在不是特为他们专场服务的时间里也会欣然光顾。该公司"灵活服务"，比如在超过了下班时间的情况下，仍对专来光顾并将匆匆离开的客户热情服务，使得这些客户能够如愿以偿，他们更会对该公司万分感激，高度赞誉。绸缎公司正是由于如此忠心热情地为客户服务，所以才能在广大客户中享有盛名，对他们产生强大的吸引力。

巧言处理顾客的异议

在商务营销过程中，顾客对产品、服务等方面产生异议，是十分正常的事情，但这也是一种营销受到阻碍的危险信号。

面对顾客的异议，高明的商务营销人员会主动试探顾客的真正意图，并施展能言巧辩的口才艺术，在异中求同，打消顾客的异议，从而促进营销成功。

商务营销人员在处理顾客异议时，应做到如下几点。

◎ 做好必要的准备

商务营销人员在与顾客面谈之前做好充分准备，事先对顾客可能提出异议的地方做详尽的阐释，以减少顾客的反对意见。使用此方法应注意不要使用一些刺耳的词句，以免引起顾客的反感。把营销要点分成许多部分，然后用提问的方式提出，在提出营销要点之后，要检查一下顾客是否接受。营销人员认为正确的建议，而顾客却认为是难以理解时，要谨慎引导顾客按照你的方法看问题。经验证明，做好上述几点后，在与顾客面谈时可以大大减少顾客的反对意见。

◎ 不要直接反驳顾客

这种方法的谈话形式是："对，但是……"它是商务营销人员根据有关事实和理由来间接否定顾客意见的一种处理技巧。使用此法的优点是：不直接反驳顾客，而间接否定顾客意见，一般不会直接冒犯顾客，有利于保持良好面谈气氛。同时也为营销人员的谈话留下一定余地，有利于根据顾客的意见，提出具体的处理办法。例如，顾客说："我不喜欢这样式，太难看了！"根据观察分析，这意见的根源是顾客的个人偏好，对于这种敏感问题，不宜直接加以反驳而应委婉处理，"先生，您的看法有一定道理，但是您是否也认为这种式样具有一定新的特色……"这里，商务营销人员承认顾客的意见，先退后进，继续进行营销谈话和示范，间接否定顾客的反对意见。

◎ 利用顾客的意见巧言说服

营销人员利用顾客反对意见，适当提取利于推销的那一面，把它作为洽谈的起点，展开说服和示范的方法。顾客的反对意见具有双重性，既有阻碍成交的可能，又有促成交易的希望。营销人员应利用顾客意见的这种矛盾性，利用其积极因素，克服消极因素，有效地促成交易。这种方法既不回避顾客的意见，又可以通过改变有关意见的性质和作用，把顾客拒绝购买的理由转化为说服顾客购买的理由，还可以营造良好的洽谈气氛，有利于处理顾客的意见。例如，顾客说，"这商品又涨价了，买不起"，经过分析，这意见的来源主要是偏见和物价上涨。于是，商务营销人员说："这商品是涨价了，从形势上看还会涨价，现在不买将来怕真的买不起了。"这就是营销人员利用顾客的意见，转化处理顾客的反对意见，把拒绝购买商品的理由转化为说服顾客购买的理由。

◎ 利用产品优点以理服人

顾客的反对意见确有道理，采取否认的态度是不明智的做法。营销人员应承认顾客是正确的，肯定有关缺点，然后利用产品的优点来补偿和抵消这些缺点。用突出产品优点的方法来处理顾客的反对意见，可以使顾客达到一定程度的心理平衡，有利于排除成交障碍，促成交易。例如，顾客说："我要买一部带耳机的手机，可是你这种手机是不带耳机的，我不要！"营销人员："您说对了，这种手机是不带耳机，但是要买带耳机的就要多花一些钱，其实耳机用的时间也不多,您何必花这些钱呢?"

◎ 避开易引发争议的话题

顾客主观的反对意见是难以消除的,对于过于主观的反对意见,只要不直接影响成交,营销人员最好不回答,更不要反驳,以回避处理。营销经验告诉我们,相当多的反对意见,营销人员是可以置之不理的。例如,顾客说:"你是某某公司的营销员?那个鬼地方真不方便。"这一个与成交无关的意见,不影响交易,因此营销员不予理睬,便说,"先生,请你先看看产品……"放过与成交无关的意见,继续进行面谈。"这东西太贵了!"一位顾客提出了反对意见。营销人员认为这意见出于他的偏见,可以置之不理。于是说:"先生,关于价格问题,现在我们不谈,还是请先看看产品吧!"营销人员不理睬顾客提出的"太贵"的意见继续谈产品,当顾客真正理解了产品的用途和特点后,先前所谓的"价格太贵"的意见也就不复存在了。

五 售后服务的礼仪

售后服务是指商品出售以后,继续向购买商品的顾客提供的各项劳务性服务,如送货、安装维修、退换、提供知识性指导等,作为一名消费者不是为了退货而买货的,都是为"用而买,而不是为退而买",所以,商店应站在顾客角度处理问题。这正是:"退的是货,留的是客",只有售后服务做得到位,让人感到满意,才会拥有更多的顾客。

送货与安装:承诺须兑现

在售后服务之中,尤其是在有关商品的售后服务之中,送货与安装往往深受广大消费者的关注,因而也是必不可少的。

具体而言,送货与安装在售后服务之中虽然往往相伴而行,但却各有各的具体要求,服务人员对此均应认真负责。

◎ 送货

送货,在售后服务之中称为送货服务或送货上门。它一般是指,由售货单位为购买笨重或体积庞大商品的顾客提供方便，负责将其运送到家。对许多顾客来说，送货上门，往往对他们具有一定的吸引力。

根据服务礼仪的规范，服务单位的经营者为顾客提供送货服务，需要在以下五个方面慎之又慎、好上加好。如果在其中某一方面出现了差错，就会对售后服务甚至整个服务过程造成损害。

① 遵守承诺。提供送货服务，通常在售中服务进行之中，即明文公告，或由服务人员口头告诉顾客。不论是明文公告还是口头相告，均应将有关的具体规定，诸如送货区域、送货时间等一并告之于对方，并且必须言而有信，认真兑现自己的承诺。

② 专人负责。为顾客所提供的送货服务，大体上都应当由指定的专人进行负责。在规模较大的销售单位里，还往往需要组织专门的送货人员与送货车辆。即使雇请外单位人员负责代劳，也要与之签订合同，以分清彼此之间的责任，并要求对方全心全意地做好此事。

③ 免收费用。在正常情况之下，服务单位为顾客所提供的送货服务，是不应再额外加收任何费用的。倘若顾客对于送货提出了某些特定的要求，诸如，进行特殊包装、连夜送货上门或者进行异地送货等，则服务单位在收取必要的成本费用之前，应与顾客达成协议。这一费用一经议定，不得任意改变。

④ 按时送达。送货上门，讲究的是尽快尽早。因此，服务单位通常应当尽一切可能，使自己的送货服务当时进行，或者当天进行。一时难以做到的话，也要争取越快越好。对于自己也已承诺的送货时间，则一定要严格遵守。若无特殊困难，必须在规定的时间之内准时为顾客送货到家。

在送货上门的过程中,有关人员应当采取一切必要的措施,确保自己运送货物的安全。假如在送货期间货物出现问题,遵循惯例应由销售单位负责理赔。根据惯例,送货到家之后,应请顾客对其开箱进行验收检查,然后正式签收。

◎ 安装

安装,通常称为安装服务。它的主要含义,是由销售单位负责为顾客上门装配、调试对方所购买的大件商品或成套商品。对于不少消费者来讲,能否由销售商负责进行安装,往往是他们购买商品时的重要的先决条件之一。因为有许多大件商品或成套商品,没有专业技术的人是难以正确装配、调试的。

按照商务礼仪的具体规范,商务人员为顾客提供安装服务时,主要应当做好以下六点。

① 约期不误。向顾客提供安装服务,务必要在双方预先约定的时限之内按时进行。切勿一拖再拖,反复延误,甚而毁约不再负责安装。如果那么做,实际上是对消费者权益的一种严重损害。

② 免收费用。按照惯例,为顾客提供安装服务,对销售单位而言往往是应尽的一项义务,因此它不应收取任何费用的。有关经办人员在上门进行安装时,也不得以任何方式加收费用或者进行变相收费。

③ 烟酒不沾。安装人员上门进行服务时，应当做到两袖清风，不拿顾客的一针一线。不准私自索取财物，不准要吃要喝，尤其是不准以要挟的手段来达到此类目的。

④ 符合标准。为顾客所进行的安装服务，不但要由专业技术人员负责，而且在其具体进行操作时，亦须严守国家的有关标准。不合标准而随意安装，或是在进行安装时偷工减料，都是不允许的。

⑤ 当场调试。正式安装完毕之后，有关人员应当场进行调试，并向顾客具体说明使用的注意事项，认真答复对方为此进行的询问。当调试无误之后，应由对方正式进行签收。

⑥ 定期访查。对本单位售出的和负责安装的商品，服务单位本着对顾客负责到底的精神，应在事后定期访查，以便为顾客减少后顾之忧，并及时为其排忧解难。

商品退换：满足顾客要求

在任何企业里工作的商务人员，都有可能直接面对或参与处理顾客要求对其购买的商品进行退换的情况。正因为商品退换是一种普遍的现象，所以每一名商务人员均应对其进行认真地对待，并且尽量满足顾客的要求。

处理已售商品的退换，是售后服务的重要内容之一。处理好商品的退换，既反映了为消费者认真负责的服务精神，又有利于获得消费者对企业的信任与好感,有利于企业质量的进一步提高。

　　本着方便消费者,为国家、集体的财产负责、避免社会财富消费或损失的精神,企业应当根据自己所处条件的不同、销售的商品或服务的不同,并且依照国家的有关规定和行业准则,制定出具体的商品、服务的退换方法,并且严格遵照执行。在退换之时,必须办理必要的手续。

　　在任何情况下,企业都不允许对自己售出的商品推诿赖账。更不能对要求商品退换者进行讽刺、挖苦。

　　在具体进行商品退换时,应当根据下述几种常见的不同情况,分别进行妥善处理,并加强总体上的管理。

　　·一般性的商品,只要不残、不脏、不走样、没有使用过、未曾超过规定期限、不影响再次售出的,均可退换。

　　·有些商品,虽经顾客进行过一定程度的使用或试用,但对其质量、使用价值不构成任何影响,应当予以退换。

　　·销售时已过期失效、残损变质、计量失准或承诺难于兑现的商品,通常应当予以退换。

　　·凡属食品、药品、剪开或撕断的大量商品、购买后超过有效期的商品、不易鉴别内部零件的精密商品、售出之后不再经营的商品、难以鉴别质量的贵重商品,以及明显污损不能再次出售的商品,不予退换。

　　·精密度较高的商品,或技术标准较高的服务,若能鉴别出其质量欠佳,则可根据具体情况,灵活掌握。有可能时,最好还是予以退换。

　　·不能予以退换的商品或服务,如顾客要求代为转售,可根据实际情况，尽量对其加以帮助。

应当强调的是，商务人员对于商品的退换，必须树立起正确的认识。一方面，应当认真而负责地做好商品销售过程中的各项工作，确保其在售出之时优质足量。在对商品、服务进行宣传介绍时，一定要实事求是，以求服务对象真正购买到适合自己需要的商品。另一方面，要在接待要求退换商品的顾客时表现得体，对于提出这类要求的顾客，要热情接待，并妥善处理其具体问题。在任何时候，都不许推诿、赖账，或对其讽刺、挖苦；在必要时，要向其致歉，并耐心听到其意见。对于质量方面的问题，要及时向有关部门进行反映，以求使之得以改进。

在售出商品或服务时，切记对按规定不得退换的，向顾客加以必要的说明或提示，以避免产生不应有的摩擦。总体来说，在这一方面工作做到家，退换商品的现象就将得到减少或避免。

质量跟踪：服务没有终点

所谓质量跟踪，主要是指服务单位对于自己已经售出的商品的质量情况,以一定的形式进行监视、追踪、调查和了解,以求好上加好,不断地得以改进、提高。

做好质量跟踪工作,必须一抓到底,这样才有利于服务单位树立良好的社会形象。

◎ **质量跟踪的形式**

在售后服务阶段,服务单位所采用的质量跟踪的具体形式,主要有下列六种。

・集中跟踪。即抽派专人加强对某一批量的跟踪商品的质量调查。

・定向跟踪。即以某些特定的消费者为跟踪对象。

・座谈评议。即邀请各层次的众多人员,以座谈会的形式评议质量问题。

・柜台评议。即在销售现场听取服务人员与服务对象对于质量方面的看法。

・用户评议。即上门走访用户,了解对方有关质量问题的真实想法。

・传媒访查。即以问卷或调查、抽查等形式,利用媒体了解质量问题。

◎ **跟踪服务的措施**

在售后服务中,与质量跟踪有关的还有三项连带性的措施:一是质量信誉卡的发放;二是来信、来电、来访的处理;三是咨询服务。欲做好售后服务,对此三项均应认真对待。

① 质量信誉卡的发放。质量信誉卡是服务行业为了抵制假冒伪

劣商品，自我进行约束，而采用的一种新的商品、服务质量的管理手段。它的基本内容是销售单位、商品或服务的名称、规格与型号、质量等级、售后时间、售出数量、销售价格、注册商标、生产厂家、用户姓名等。将其发放到顾客手中，可发挥一定的质量担保作用和社会监督作用。

目前，消费者凭质量信誉卡可要求退换、维修等项服务，服务单位则应按其规定，承担属于己方的一切责任。

服务单位在发放质量信誉卡时，要使之印制规范、填写准确、说明清楚，并且负责解释，承担必要的责任。

② 用户信访的处理。用户来信来电来访的处理，是售后服务工作的重要一环。对其处理不当，往往会损害本单位的声誉，甚至导致诉讼风波。

有条件的服务单位，应当指定专人或由专人兼职，负责信访工作。在信访工作中，有关负责人员要耐心细致地开展工作，认真维护消费者的切身利益。

对于用户的来信、来电，要认真做好编号、登记。对上门来访者，要以礼接待，并做好来访记录。

对于用户来信、来函的处理率，要达到百分之百。对有必要回复的来信来电，要及时做出回复。

对于用户来信、来电、来访之中所客观反映的问题，要及时进行综合分析，并且转报给有关领导。

③ 咨询服务的提供。咨询服务，一般是指顾客在购买商品、服务之后，就与此相关的使用、保养、维修等方面的问题，要求服务单位给予解答、指导时，所应当享受到的服务。

> **Tips**
>
> 在进行质量跟踪的具体过程中,有关人员一定要实事求是,一丝不苟。对于在跟踪中发现的具体问题,一定要对其负责,认真解决。

在服务过程之中,咨询服务乃是重要的配套项目,不可或缺。

要做好咨询服务,就必须安排专人负责,并且最好设立专用的咨询电话,正式将其向社会公布。

要做好咨询服务,还必须善解人意,保持热心而耐心。要真正做到不厌其烦,有问必答,答则令人满意。

六 处理商务纠纷的礼仪

在商务营销过程中,与顾客发生纠纷在所难免。这时候,如果处理不慎,就可能与生意失之交臂。

商务营销人员,无论是处理顾客的意见,还是处理顾客的抱怨,无论是直接反驳顾客的提议,还是间接化解与顾客的争执,都需要见机行事、舌灿莲花的好口才。

勇于认错,立即弥补修正

任何营销工作都有可能出现过失,营销人员在与顾客接触的过程中,难免会出现失误,也难免会遇到一些不测之事,这时应首先考虑顾客的利益,采取一切可行方案,把顾客因此而遭受的损失降到最低点。

人生在世,孰能无过。营销商有时也会犯错:服务做得不到位、由于疏忽而导致的种种不利的后果,或是由于产品质量问题而引起的顾客投诉等。对于这种种失误所引发的不良后果,营销厂家应勇于承担,而且还应做出完善的处理,只有这样,才能"将功赎罪",

再一次赢得顾客的信任。

人们常说:"知错能改,善莫大焉。"在营销活动中错误在所难免,但发现错误妥善处理,则需要我们做得更好、更到位。

勇于认错的奥达克余公司

有一则一家日本企业的销售故事,曾被美国公共关系协会推荐为世界性公共关系的典范案例。

在日本东京奥达克余百货公司,一天下午,售货员彬彬有礼地接待了一位来买唱机的女顾客。售货员为她挑了一台未启封的"索尼"牌唱机。事后,售货员清理商品发现,原来是错将一个空心唱机货样卖给了那位女顾客。于是,他立即向公司警卫作了报告,警卫四处寻找那位女顾客,但不见踪影。经理接到报告后,觉得事关顾客的利益和公司的信誉,非同小可,就马上召集了有关人员研究。当时只知道那位女顾客叫姬泰丝,是一位美国记者,还有她留下的一张"美国快递公司"的名片。据此仅有的线索,奥达克余公司公关部连夜开始了一连串接近于大海捞针的寻找。几个人忙了一夜,总共打了35个紧急电话,终于得知姬泰丝在东京的住址和电话号码。

第二天一早,奥达克余公司给姬泰丝打了道歉电话。几十分钟后,奥达克余公司的副经理和提着大皮箱的公关人员,乘着一辆小轿车赶到姬泰丝的住处。两人进了客厅,见到姬泰丝就深深鞠躬，表示歉意。除了送来一台新的合格的"索尼"唱机外，又加送著名唱片一张、蛋糕一盒和毛巾一套。接着副经理打开记事簿，宣读了怎样通宵达旦查询姬泰丝住址及电话号码，及时纠正这一失误的全部记录。

这时，姬泰丝深受感动，她坦率地陈述了买这台唱机，是准备作为见面礼，送给住在东京的外婆。回到住所后，她打开唱机试用时发现，唱机没有装机心，根本不能用，当时，她火冒三丈，觉得自己上当受骗了，立即写了一篇题为《笑脸背后的真面目》的批评稿，并准备第二天一早就到奥达克余公司兴师问罪。没想到，奥达克余公司纠正失误如同救火，为了一台唱机，花费了这么多的精力。这些做法，使姬泰丝深为敬佩，她撕掉了批评稿，重写了一篇题为《35次紧急电话》的特写稿。

《35次紧急电话》稿件见报后，反响强烈，奥达克余公司因一心为顾客着想而声名鹊起，门庭若市。

间接处理顾客意见的策略

间接处理顾客意见，是指商务人员根据有关事实与理由间接否定顾客意见的一种处理策略。间接处理法适用于因顾客的无知、成见、片面经验、信息不足与个性所引起的购买意见和纠纷。使用间接处理法处理时，首先表示对顾客的同情、理解，或者仅仅是简单的重复，使顾客心理有暂时的平衡，然后转移话题，对顾客的意见进行妥善处理。间接处理法一般不会冒犯顾客，能保持较为良好的营销气氛，使营销人员有时间进行思考和分析，判断顾客意见的性质与根源。间接处理法使顾客感到被尊重、被承认、被理解，虽然意见和纠纷被否定了，但是在情感与思想上是可以接受的。用间接处理法处理顾客意见，比直接反驳委婉些、诚恳些，所收到的效果也好一些。

在应用间接处理法时应注意掌握以下几方面的策略技巧。

其一，间接处理法不适用于敏感的、固执的、自我个性强的、具有理性购买动机的顾客，亦不适用于探索性的、疑问类的顾客的意见，而只适用于武断性的、陈述性的顾客的意见。

其二，商务人员不能直接否定顾客的意见，更不能直接反驳顾客的意见。间接处理法要求营销人员首先避开顾客来势迅猛的不满和怒气，然后转换角度，改变方向，再间接地反驳顾客提出的意见。

其三，商务人员应注意选择好重新说服的角度。间接处理法成功的关键在于避开顾客异议后，应该从什么角度，以什么思维方法，围绕什么重点重新开展营销，这正像拳击手避开进攻后必须研究与选择进攻方法及出击部位一样。营销人员应认真利用重复与肯定顾客意见的机会进行分析思考，分析判断顾客意见的真正根源、意见的性质及顾客类型，然后，有针对性地开展重点营销。只有这样，才可以取得退一步进两步的效果，不然，可能导致新的矛盾冲突。

其四，商务人员应围绕营销的新要点提供大量信息。由于前段营销已导致顾客产生不满和意见，所以，营销人员在转换营销方向后，应围绕重新选择的营销要点，重新开始提供信息，重新揣摸顾客的思维和心理活动的规律。后续信息的内容及其数量是间接处理法取得成效的关键。

其五，注意语言中转换词的选配。怎样转换话题是有效使用间接处理法的一个关键所在。为了使营销活动与顾客的思维出现转折，可以用的转折词有很多，如，"但是""不过""然而""除非""诚然"，等等，其中"但是"用起来语气最生硬，让顾客听起来不舒服。所以，营销人员应针对不同的顾客选用不同的转换词，尽量做到语气委婉，转折自然。例如在说了"您的看法有一定道理"后，可以续加的词语有："而且我还可以补充""假如……其实你还可以……"，等等，效果会更好些。

处理顾客抱怨要有语言技巧

抱怨是顾客的专利，同时也是顾客的爱好。即使你的服务非常到位，顾客也免不了会抱怨。其实，顾客的抱怨是件好事，它表示顾客愿意跟你来往，愿意跟你做生意，而你也可以借由顾客抱怨来改进产品或服务的品质，使你更能赢得市场。相反，不抱怨的顾客才是真正的隐患。据美国一家研究机构调查，当顾客受到不满意的服务后，96%的人不会提出抱怨，他会把自己不愉快的经历告诉其他的人，平均每26位顾客有问题时，才会有一位向公司提出抱怨。这些不提出抱怨的人会继续跟你做生意吗？肯定不会的，你已不是市场的垄断者，顾客有很多的选择，最后，顾客就是这样流失的。

有效处理顾客的抱怨是一项非常重要的工作，要做好这项工作，基本上应先确认疏解顾客的抱怨是商务人员分内的事，是每一位商务人员的职责。要知道每一位商务人员都代表着自己的企业，每一位商务人员的行为都代表自己所在的企业的形象。

以下是几例以巧妙的语言处理顾客抱怨的案例。

案例1：

顾客："你们的产品品质太差了，你让我怎么使用呀？"

商务人员："张先生，您好，对于您的遭遇我深表歉意，我也非常愿意为您提供优质的产品，遗憾的是，我们已把产品卖给您了，使您受到了一些麻烦，真是不好意思。张先生，您看我是给您换产品还是退钱给您呢？"

案例2：

顾客："你们做事的效率太差了。"

商务人员："是的，是的，您的心情我非常理解。我们也不想这样子，我非常抱歉今天带给您不愉快。我想以李先生的做事风格来说,一定可以原谅我们的。感谢您给我们提个醒,我们一定会有所改进。谢谢您。"

案例3:

顾客:"你们给我的价格太高了。"

商务人员:"王小姐,我非常赞同您的说法,一开始我也跟您一样觉得价格太高了,可是,在我使用一段时间之后,我发觉买了一件非常值得的东西。王小姐,价格不是您考虑的唯一因素,您说是吗?毕竟一分价钱一分货。"

案例4:

顾客:"你的电话老没人接,叫我怎么相信你。"

商务人员:"李太太,打电话过去没人接,您一定非常恼火。同时我非常抱歉,我没有向您介绍我们的工作时间和工作状况。也许,您打电话过来我们正好没上班,况且,您是相信我们的人、我们的服务精神和服务品质的,您说是吗?"

处理顾客的抱怨,一定不能只为自己一方考虑问题,要多从顾客方面着想,同时,在语言上要精心措辞,不可信口开河。以真诚理解的态度,化解顾客心中的不快,由此使交易正常进行。进而赢得更多的顾客资源。

反驳顾客必须掌握说的艺术

反驳是指营销人员根据较明显的事实与理由直接否定顾客异议的处理策略。反驳在实际运用中可以增强营销面谈的说服力量，可增强顾客的信心，可以节省营销时间，提高营销效率，可以给顾客一个简单明了不容置疑的解答。灵活地使用反驳可以有效地处理好顾客产生的异议；但是运用不好，却极易引起营销人员与顾客的正面冲突，可能会给顾客心理增加压力，甚至激怒顾客而导致营销失败。如果因为直接反驳顾客而使顾客感到自尊心受伤害，那么，即使产品再好，顾客也会拒绝购买。另外，如措辞使用不当，会破坏营销气氛以及双方的情绪，从而使营销陷于不利之中，所以反驳不可滥用。

运用反驳处理法处理顾客异议时应注意以下几点。

◎ 反驳不可滥用

反驳只适用处理因为顾客无知、误解、成见、信息不足而引起的有效异议。不适用于处理无关与无效的异议；不适用于有自我表现欲望与较为敏感的顾客所提出来的异议。

◎ 反驳必须有理有据

用以反驳顾客异议的根据必须是合理的、科学的，而且是有据可查、有证可考的，因而可以通过摆事实、讲道理的方法去澄清顾客的异议。营销人员在反驳顾客异议的过程中，必须注意讲话的逻辑性，应首先明确指出顾客异议的内容，明确异议的性质与根源，然后，由浅到深摆出事实证据。营销人员应依靠产品优势以及谈话的逻辑力量说服顾客。

◎ 反驳仍然要友好

商务人员在反驳顾客异议的过程中，应始终保持十分友好的态度，维持良好的营销气氛。首先，营销人员应明确，即使顾客是因为无知而提出购买的异议，反驳的也只是顾客的看法，而绝不是顾客的人格。所以，在反驳顾客异议过程中，商务人员既要关心营销的结果，先要关心顾客的情绪与心理承受能力，做到虽然反驳了顾客的异议，但绝不冒犯顾客。商务人员应面带笑容、用词委婉、语气诚恳、态度真挚，同时，应随时注意顾客的行为及表情的变化，揣摸顾客的心理活动，使顾客既消除了异议，又学到了知识，从而一直维持良好的合作氛围。因为根据消费与购买心理学，顾客的认知、情感与意志都直接影响着顾客的购买决策。

◎ 反驳也要有信息量

商务人员在反驳顾客异议的过程中，应坚持向顾客提供更多的信息，从现代营销学的原理去认识，应该把反驳理解是以新的信息去反驳顾客的错误信息，是以真实的信息去反驳顾客的虚假信息，以科学的知识去反驳顾客的臆测。因此，在反驳顾客异议的过程中，商务人员始终应坚持以信息的传递与提供为基础，以营销教育为手段，以传递知识与购买标准为目标，从而使顾客了解情况、了解产品、了解商务人员，进而解除误会，增进知识，增强购买信心。

将顾客的意见变成激励的动力

在售后服务中，既然发生了顾客抱怨商品的事，商务人员只好先处理，再去做其他的营销工作。这种处理方法是比较明智的，因为顾客确实是上帝、财神，失去了顾客，营销员只好另谋出路，改行做事了。因此商务人员不要害怕顾客的抱怨，顾客抱怨是难免的，处理顾客抱怨最好的办法是妥善处理，继续工作。

传统的思想观念认为："没有顾客抱怨、投诉的消息就是最好的消息。"这是一个可怕的思维模式，因为营销产品不可能不出现问题，售后服务再好的公司，也是会有顾客抱怨的。如果商务人员由于害怕问题、害怕顾客的投诉，而采取"鸵鸟政策"，把眼睛闭上、耳朵堵上，不去看、不去听，这就是对自己、对产品缺乏自信的表现。

顾客真诚地告诉商务人员，上次从你那里买回的商品不能正常使用，这对于商务人员来说，不一定是一条坏消息。商务人员如若这么想，这一条称不上坏消息，只是普通的一条消息而已，这样的"坏消息"不正是为我们提供协助顾客的良机，也使我们服务能够做得更好吗？

美国有一位女营销员，能够让许多人主动地为她介绍顾客，她几乎用不着上门营销，就接到许多订单，有些顾客差不多是非她不买的。她是这样总结她成功的经验的："对于我来说，销售的关键时刻，以及我需要做的最重要的工作，是在买主向我购买了产品之后。"

她的做法是：营销之后，通过电话和买主联系几次。她向买主说明她打电话的用意，是要弄清楚他们是否满意她提供的产品，使用该产品是否对他们有利。如果得到的评价是肯定的，那么，她就诚挚地、简明地赞赏买主的购买是一项明智的选择，还顺便与买主回忆一下洽谈时的有趣细节。另外对于每位顾客，她都存有一份"档案"，其中包括通话次数和每次通话的内容。在赞扬了顾客之后，她还告诉顾客，准备送一件礼物给他，通常这件礼物并不贵重，但它却是顾客该买而未买的，它会增加已购物品的使用价值。如果买主反映有问题，她便马上兴致勃勃、信心十足地去处理。

商务人员如果能以亲切的、耐心的态度来提供快速、有效的服务，就能将顾客的抱怨降至最低限度，这是化解顾客不满的最佳良方。

CHAPTER 10

SHEWAI
SHANGWU
DE
LIYI

第十章

涉外商务的礼仪

涉外商务礼仪就是在对外经济交往工作中,对外宾表示尊重、友好的各种礼节、仪式及惯用形式。21世纪,全球进入一体化的时代,随着我国经济的迅猛发展,我国许多企业和商务人员与海外客商打交道的机会越来越多。因此,熟悉并遵循涉外礼仪也就显得愈益迫切。

作为一个商务工作者,不论其职位的高低,在涉外商务交往中,他们代表的都不仅仅是自己,而是代表着所在单位,甚至代表着国家。因此,涉外商务人员必须注重学习涉外礼仪,并有效地运用在对外交往的工作之中。

一　涉外商务活动的基本准则

涉外交往的基本原则，是指我国公民在对外交往中必须遵守的最基本的要求。对外交往不同于国内交往，遵守一定的规定和制度是非常必要的。这不仅有利于塑造个人的良好形象，更重要的是有利于维护国家的形象和中华民族的文明形象。所以，每一名涉外人员都必须认真执行外事活动的基本原则。

忠于祖国，维护国格

忠于祖国在对外服务中不是一句空话，在世界各国，它都是人际交往尤其是对外交往的一个基本点，它不仅是社会公德而且涉及人际交往中的国格和人格问题。我国商务人员在忠于祖国方面需要注意以下问题。

◎ **维护国家形象**

商务人员在国际交往中的言谈话语、行为举止，决不能侮辱我们的国家、不能侮辱我们的民族、不能侮辱我们的政府、不能侮辱我们的人民，这是所谓国格和人格问题。热爱祖国自古至今就是世界各国人民的一种深厚的感情。

◎ **注意保守国家秘密**

所谓秘密就是内部信息，不希望被外人所了解。国家交往有国家秘密，商务往来有商务秘密，每个人还有个人秘密。有的时候这个国家的秘密、政府的秘密、行业的秘密涉及到国家的安全，影响到社会稳定，关系到一个企业的生死存亡。那么有鉴于此，在国际交往中一方面我们强调对外国客人要热情友善，另一方面我们还必须明确，就是要提升我国人民特别是服务行业从业人员的保密意识。不该说的事不能说，不该做的事情不能做，要明确有所为有所不为。

不卑不亢，平等有礼

不卑不亢是国际礼仪的一项基本原则。它要求每一个人在国际交往时，都必须意识到自己在外国人的眼里，是代表着自己的国家、代表着自己的民族、代表着自己所在的单位的。因此，其言行应当从容得体，堂堂正正。在外国人面前，既不应该表现得畏惧自卑，低三下四，也不应该表现得自大狂傲，放肆嚣张。

在与外宾交往中坚持"不卑不亢"的原则，是每一名商务人员都必须给予高度重视的大问题。要真正做到"不卑不亢"，不仅在思想上要提高，要正本清源，端正态度，而且在工作中要付诸实践，一定要对"不卑"与"不亢"二者同时予以坚持，防止过犹不及，以一种倾向掩盖另外一种倾向。

对任何交往对象都要一视同仁，一律平等，给予同等的尊重与友好。

求同存异，尊重对方

在对外交往中，每一名商务人员会经常面临一个非常实际的问题：同样一件事情，在不同国家、不同地区、不同民族，往往存在着各不相同的处理方式。

在对外交往中，面对不同国家、不同地区、不同民族的千差万别的风俗习惯，商务人员应当坚持求同存异，遵守惯例的原则，这是商务人员在对外交往中必须给予高度重视的一个大问题。商务人员必须正视我方与外方之间在风俗习惯方面的差异，"十里不同风，百里不同俗"绝非戏说之言，而是一种真真切切的客观现实。

在对外交往中，我方商务人员要对对方所独有的风俗习惯予以尊重。要做到这一点，首先要了解我方与对方在风俗习惯上所存在的主要差异。假如忽略了二者之间的差异，尊重外方的风俗习惯，就会成为一句空话。

> 商务人员在外事活动中要重视我方与外方的习俗差异，需要做到如下三点：一是心中要想到这种差异；二是眼里要看到这种差异；三是工作中要注意到这种差异。这样，商务人员在实际工作中才能更好地做到"有所为，有所不为"。

重信守诺，遵时守约

讲究诚信，遵时守约，作为服务礼仪的基本原则之一，是指必须认真而严格地遵守自己的所有承诺。许诺要兑现、说话要算数、约会要如约，对一切有关时间方面的正式约定，尤其需要恪守无误。

在对外宾服务中，贯彻落实"遵时守约"原则的基本要求，主要有两条，即信守承诺，遵守时间。

◎ **信守承诺**

信守承诺，简而言之，就是要求人们在人际交往中说话一定要算数，诺言一定要兑现。

在商务活动中，商务人员在实际工作中处理有关承诺的具体问题时，应当重视两个方面：必须重视承诺；必须慎于承诺。

每一名商务人员都必须充分认识到：在对外交往中能否做到言而有信，遵守约定，直接与自己是否重视个人承诺密切相关。而重视个人承诺与否，又直接涉及自己对于个人信誉的重视与否。

◎ 遵守时间

遵守时间作为服务礼仪的基本原则之一，主要是要求商务人员应具有严格的时间观念。

在对外交往中应当重点注意下列三个问题：要有约在先；要如约而行；要适可而止。

对于双方有约在先的交往时间，轻易不要改动。万一因特殊原因，需要变更时间或取消约定，应尽快向对方进行通报，切忌让对方空候良久。

二 一般性涉外商务交往的礼仪

涉外商务接待要讲文明礼节

在涉外商务活动中，迎来送往是一项重要内容，有时甚至构成对外贸易和商务谈判成功与否的关键环节。热情的态度、文明的礼节、适宜的馈赠、真诚的招待，是生意成功的重要因素。

◎ 迎客准备与接站

迎接海外客商，首先要安排好住宿。最好在对方尚未出发之前，先问清商客对住宿有何要求。如对方是初次来华，对我国的情形较为生疏，那么最好代为预订国外闻名的宾馆、饭店或旅社。如果在客商到达之前，预先将花束或花篮送至客房，给客商一个意外的惊喜，这也是一种很得体的做法。但赠送花束或花篮只能限于夫妇同来，或者只有女性的场合。假如对方是男性，送花则是一种失礼的行为；假如客商是夫妇同来，送花的人也必须是夫妇联名；假如对方只有女性，送花的人也只能用太太的名字。稍有疏忽，就会弄巧成拙。

其次，是关于是否要到飞机场或火车站迎接的问题。如果对方是重要的客商或者是初次来华，或者对方事先要求我方迎接，那当然要前往迎接。除此之外，一般不需到机场和车站迎接，这样是不算失礼的。因为欧美客商大都习惯于旅行，对行进的路线、地点等问题早有计划安排，也有较丰富的经验，他们一般会坐出租车直奔住宿地点的。

到机场迎接客人，应遵循"别让对方等待"的原则，必须提前十分钟至二十分钟抵达。前往迎接的人员应安排和对方身份相称的人，带领翻译和几位适当的有关人员即可。

如果要迎接的客人素未谋面，一定要事先了解其外貌特征，并准备一块迎客牌（接站牌，特别隆重的横幅），用中英文书写上"欢迎××先生（小姐、女士）"及本组织的名称，字迹力求端正、美观。这样，客人在众目注视之下向你走来，会有一种心理满足感。

◎ 介绍与行礼

接到客人后，应说一些"欢迎您，××先生""欢迎光临××""一路辛苦了"之类的问候语，并由我方接待翻译人员，将前往欢迎的人员按其身份依次一一介绍给客商，亦可由我方中身份最高者或熟悉客商的人员出面介绍。有的国家（如日本）的客人习惯于以交换名片来介绍自己的姓名和身份，如果双方是初次见面，应首先将自己的名片递给对方，使对方一目了然，也是一种有效的介绍方式。

双方见面相互介绍后，按照国际惯例，一般行握手礼，此时应注意握手的顺序和基本礼仪，并注意再次点头致意。

行握手礼后，客商由于国籍、习俗的不同，可能还要对我方再行不同的拥抱礼、亲吻礼、鞠躬礼、吻手礼等，我方均应作相应表示，不可推卸或表现勉强（但外方行拥抱礼时，我方女士可例外）。如安排献花，必须采用鲜花，扎成礼品花束，并注意保持花束的整洁和鲜艳，但不要送菊花、杜鹃花、石竹花、黄色花朵。

◎ 陪车与下榻

客商抵达，从机场到下榻地及访问结束，由住地到机场，一般都要安排迎送人员陪同乘车，有的安排主人陪车。主人陪车，应请主宾坐在主人右侧，随员坐在司机旁边，若是主人亲自驾车，主宾则坐在司机右侧座位上。

关于车的前排与后排，我国和亚洲许多国家习惯以后排右边的座位为上，主人陪同客人坐于轿车后排，以示敬意；然而欧美有些国家却把前排视为上座，他们认为前排座位视野开阔，便于观望景致，把客人安排在后排则被视为"失礼"。

宾主上车后，主人应通过交谈来活跃车内气氛，主要话题是本地风土人情、人文景观等，也可介绍沿路景点。还可将日程表送到客人手中，以便其安排私人活动或回访、宴请等时间。迎接人员在接待外商的过程中，应该始终面带微笑，不要故作矜持，一语不发。

送别时应依据迎接规格确定规模方式，主要迎接人员应参加送别活动。送别人员应准时到场，迟到或匆匆赶到都是很不礼貌的。

走访外方人员须知国际惯例

在走访外国人时,需要严格遵守的礼仪规范,主要涉及下述六点。

◎ 有约在先

受到拜访对象的专门邀请后,务必要在进行拜访之前,与对方事先约定,并且在具体时间上应请对方定夺,或者双方共同协商。在约定拜访外国人的具体时间时,通常应当避开节假日、用餐时间、过早或过晚的时间以及对方不方便的时间。

◎ 守时践约

要做到守时践约,就要准时正点地在宾主双方预先约定的时间里,在预先约定的拜会地点亮相。万一因故不能准时抵达,务必要及时通知拜访对象,以免对方久候,必要的话,还可将拜访另行改期。在这种情况下,一定要记住向对方郑重其事地道歉。在涉外拜访中失约不到,从哪个方面讲,都必须避免出现。

有些外国人喜欢选择酒吧、餐馆、咖啡厅或饭店的前厅为会客地点。倘若对此处环境、路线不太熟悉,则不妨提前五分钟抵达现场,确认地点无误后,先在附近小候片刻,然后准时出场。

◎ 进行通报

进行拜访时,倘若抵达约定地点之后,未与拜访对象直接见面,或是对方没有派员在此迎候,则在进入对方的办公室或私人居所的正门之前,有必要先向对方进行一下通报。

前往大型的公司、企业拜访他人,尤其是拜访职高位显的要人时,应首先前往接待处,向接待人员进行通报。或者先行前往秘书室,由秘书代为安排、通报。

前往饭店、宾馆拜访他人时,按照人们约定俗成的做法,首先应当在拜访对象下榻的饭店、宾馆的前厅里,打一个电话给对方,由对方决定双方见面的具体地点。切勿直奔对方的客房而去。

前往私人居所或普通人的办公室进行拜访时,要首先轻叩一两下房门,或是轻按一两下门铃,得到主人允许后,再推门而入。

叩门或按门铃时要保持耐心,不要再三再四,或者二者并用。国外的有些私人居所的门上,为安全考虑,装有监视器、对讲机或门镜。在此处登门拜访时,不要有任何不雅行为。

◎ 登门有礼

当主人开门迎客时,务必要主动向对方问好,并且要与对方互行见面礼节。倘若主人一方早已恭候于门口,并且不止一人时,则对对方的问候与行礼,在先后顺序上必须合乎先尊后卑、由近而远的礼仪惯例。

问候之后,应在主人的引导之下,进入指定的房间,并且在指定的座位上就座。在就座之时，要与主人同时入座，不要抢先就座。

进入外方人士的办公室或私人居所后，应将帽子、墨镜、手套和外套脱下，以示礼貌。

◎ 举止大方

在拜访外方人士时，在其办公室或私人居所内进行停留时，要注意自尊自爱，并且时刻以礼待人。

与外方人士进行交谈时，要慎选话题。特别重要的是，不要跟对方开玩笑，出言无忌。与异性交谈时，更要讲究分寸，不要有意回避其他人，或是故意压低声音。

◎ 适可而止

在拜访他人时，尤其是在进行较为正式的拜访时，要注意在对方的办公室或私人居所里停留时间的长度。

一般情况下，礼节性拜访，尤其是初次拜访，应控制在十五分钟到三十分钟之内。最长的拜访，也不宜超过两个小时。

有些重要的拜访，往往需由宾主双方提前议定拜访的时间长度。在这种情况下，务必要严守约定，绝不单方面延长拜访时间。自己提出告辞时，虽主人表示挽留，仍须按时离去，但要向对方道谢，并请主人留步，不必远送。在拜访期间，若遇到其他重要的客人来访，发生重要事件，或主人一方表现出厌客之意，应当机立断，知趣地告辞。

日常涉外交往要严守礼节

日常涉外交往礼仪，主要涉及外事人员穿着打扮、举止行为、言谈话语、姓名称谓、问候行礼等若干方面。此外，商务人员在涉外交往中也要严格遵循其特定的礼仪规范。涉外人员的日常交往表现，体现了国家和民族的形象，必须慎之又慎。

◎ 遵守时间，不得失约

时间是一种最特殊、最稀有的资源。美国作家爱默生说过："要以一个人对时间的重视程度来衡量这个人。"在现代，时间是效率、是速度、是生命、是金钱的观念被越来越多的人所接受。守约，古往今来就是人们公共交往中最起码的行为道德规范，守约即是信誉，信誉即是资产，外国有句谚语："宁可丢掉钱袋，也别违约失言。"失约是极为失礼的行为。

在涉外交往中，一定要遵守时间。因故迟到，应向主人和其他来客道歉。万一因故不能按时赴约，要礼貌地尽早通知主人，并表示歉意。

◎ 尊重隐私，善选话题

西方非常在意"个人隐私"。在涉外交往时应特别注意尊重个人隐私，坚持"八不问"，即不问年龄、婚否、收入、经历、住址、个人生活、宗教信仰与政治见解,以及不谈对其他人的看法。也别涉及疾病、死亡、怪诞离奇、耸人听闻、黄色淫秽的话题。

◎ 谈吐文雅,举止得体

与外方人士交谈时态度要诚恳、自然、大方,语气要和蔼亲切,表达得体。谈话内容要注意选择,事先要有准备。自己讲话时要给别人发表意见的机会,不要滔滔不绝,旁若无人;当外宾在讲话时,要耐心倾听,目光要注视对方,不要轻易地打断别人的发言。如外方人士提到一些不便谈论的问题时,不要轻易表态。谈话手势不要过多、过大,站立谈话的距离以一百二十厘米左右为宜,并应把膝盖、脚尖自然地朝向对方,这样才有亲切感。

◎ 讲究卫生,注意仪表

在涉外交往中,要养成良好的卫生习惯,保持个人卫生,注意仪容服饰。要经常保持发型,洗头洗澡,防止身上有异味。更应勤刷牙、梳头、修面、修指甲。

规范涉外会见与会谈的程序

会见、会谈在国际交往中较为常见。会见分礼节性、政治性和事务性三种。会谈是指双方或多方就某些重大的政治、经济、文化、军事问题，以及其他共同关心的问题交换意见。

◎ **会见与会谈的程序**

会见、会谈，一般均经双方事先约定。"不速之客"通常是没有的。会见与会谈的安排程序大体上是一致的，所不同的是会见一般是礼节性较多，而会谈则往往要进行一些实质性的交流，两者谈话的内容与时间长短也不同。其大体程序如下。

① 要求拜会。如果一方要求拜会另一方，应提前将自己的姓名、职务以及要求会见什么人、会见的目的等打电话或以其他方式告知对方。接到要求的一方应尽早予以答复，无故拖延、置之不理是不妥当的。因故不能会见，应向对方婉言解释。

② 接受要求。如果接到要求的一方同意对方的请求，可主动将会见、会谈的时间、地点和主方的参加人员通知对方。提出要求的一方亦应提供自己一方的出席人员名单，双方人员的人数和身份，应大体符合对等原则。

③ 预作准备。经过双方或多方协商确定下来的会见、会谈的时间、地点及各方出席人员名单，应及早通知有关部门和人员做好各项准备工作。不论是作为主方还是客方，与外宾外商会见、会谈，均应了解对方的背景资料及其习俗、禁忌、礼仪特征等。参加会谈，还应在文字资料方面做好准备，如需提供外方参阅的，还要准备好外文资料。

会见、会谈座次的安排

按照惯例,会见、会谈时宾主座次均由主方负责安排。

会见座次的安排。按照商务礼仪,涉外商务会见、会谈座次的排列方法共有五种。

· 宾主分列式。即宾主各坐一边(有时也交错排列),座位呈八字形或弧形安放,主人在左,主宾在右,译员与记录员坐在主人和主宾的后面。其他客人按礼宾次序在主宾一侧就座,主方陪见人依次在主人一侧就座。双方的座位如不够,还可以在后排加座。

· 宾主并列式。即宾主并排而坐,客人居右,主人居左,这种方式适合于小规模的双方会见。

· 宾主相对式。即宾主分别坐在一张长桌或一张椭圆形桌子的两侧,主宾与主人各自居中而坐,双方参与会见的其他人员则各自按照"右高左低"的原则,分别坐在主宾或主人的左右两侧。

· 主人居中式。即主人坐在中间,客人分别依照一定的顺序坐在主人的左右两侧。

圆桌式,亦称自由择座式。即不讲座次的尊卑,而由宾主自由地择座,甚至相互穿插地坐在一起。

这后两种排列方法适用于多方会晤。正式会谈特别是谈判气氛比较严肃、郑重，对等性强，座次的安排更讲究双方或各方的平衡。最常见的是长方形桌横向摆放，宾主相对而坐，以正门为准，主人在背门一侧，客人面向正门（即"迎门为上"）。主谈人居中，译员安排在主谈右侧或身后，其他按礼宾顺序左右排列。如会谈长桌一端朝向正门（纵向摆放）则以入门方向为准，右为客方，左为主方。多方会谈，座位摆成圆形或方形、多边形为宜。

◎ 会见与会谈中的具体礼仪

主人应提前到达会见或会谈场所，以迎候外商到来。为此商务人员应准确掌握会见时间、出席人员等事项，随时了解变化情况，与各方面保持密切联系。

外商抵达时，应组织迎宾员热情迎接，主人在正门口迎候，与客人握手、致意，由迎宾员开门，主人在主宾左侧，陪伴客人步入会见厅。

领导人之间的会见、会谈，除双方陪见人员和译员、记录员之外，其他工作人员在安排就绪后应主动退出。记者也只在会谈前采访几分钟后离场，根据双方协议，会谈后可共同或单独会见记者。在会谈过程中，旁人不得随意进出。

为保证会谈顺利地进行，会谈时，场所附近应有公关人员守候，以应付临时需要。更重要的是时间的掌握，较长时间的会谈，应安排中间休息，因为参加会谈的人员精力是有限度的，并按一定规律变化的。英国人比尔·斯科特认为,在会谈中,随着时间的推移,人的精力的变化规律是:开始阶段精力充沛,中间阶段波动下滑,最后时刻再度集中。根据这一规律来掌握会谈时间,并安排适当休息,会达到理想的效果。

在会见、会谈中,应为宾主准备茶水、咖啡和矿泉水、冷饮。服务人员上饮料时,应手脚轻捷,尽量不出声响。

如需合影,事先应安排好合影图。合影时,主人居中,以右为上,主客双方间隔排列。如人数较多,可排成数排,主要身份者站在前排,其余按顺序排后。事先应准备好后排站人的梯架,摄影师要注意将所有人都摄入镜头。一般来说,不宜让客人站在两端,最好由主方人员把边。

会见、会谈结束,主人应送外宾至车前或门口握别,目送客人离去。如会谈时间较长,结束后,可安排至休息厅稍作休息,并略备点心小吃,然后送别。